Barbara Hanekamp-Kalvelage
Warum nur?

Workshop Religionspädagogik

herausgegeben von

Prof. Dr. Egon Spiegel
(Hochschule Vechta / Universität Olsztyn, Polen)

Band 5

LIT

Barbara Hanekamp-Kalvelage

WARUM NUR?

Die Theodizeefrage im
Religionsunterricht der Primarstufe

LIT

Für meinen Vater
Walter Hanekamp

Umschlaggestaltung: Karolina Kalvelage

Bibliografische Information der Deutschen Nationalbibliothek
Die Deutsche Nationalbibliothek verzeichnet diese Publikation in der
Deutschen Nationalbibliografie; detaillierte bibliografische Daten sind
im Internet über http://dnb.d-nb.de abrufbar.

ISBN 978-3-8258-9998-1

© LIT VERLAG Dr. W. Hopf Berlin 2007
Ziegelstr. 30
D-10177 Berlin

Auslieferung:
LIT Verlag Fresnostr. 2, D-48159 Münster
Tel. +49 (0) 2 51/620 32 - 22, Fax +49 (0) 2 51/922 60 99, e-Mail: lit@lit-verlag.de

Inhaltsverzeichnis

0 Vorbemerkungen	11
1 Einleitung	13
2 Die theologischen Grundlagen der Theodizeeproblematik	16
2.1 Historische Verortung des Theodizeeproblems	16
2.2 Theodizeeproblem und Praxis des Glaubens	24
2.3 Anthropogene Leidensfähigkeit	27
2.4 Erfahrungen mit Gott im Angesicht des Leids	29
2.4.1 Gottes Allmacht	29
2.4.2 Das Negative in der Schöpfung	32
2.4.3 Der gnädige und mitleidende Gott	35
2.4.4 Willensfreiheit der Geschöpfe im Kontext des Leids	38
2.5 Biblisch-theologische Perspektiven	40
2.5.1 Ijob – Symbol für den leidgeprüften Menschen	40
2.5.2 Die Wirksamkeit der biblischen Klage	42
2.5.3 Jesu Leiden	45
3 Vom Leiden der Kinder	48
3.1 Die Ängste und Nöte der Kinder	48
3.1.1 Kinderarmut	50
3.1.2 Veränderte familiale Bedingungen	51
3.1.3 Krankheit, Schmerz, Tod	52
3.1.4 Schulängste, Mobbing und Gewalt	53
3.1.5 Emotionaler und physischer Missbrauch	56
3.2 Kindliche Deutungsversuche des Leids	57
3.3 Hilfreiche Wege zum Bestehen im Leid	59
3.3.1 Die Leidproblematik: Verdrängen oder Zulassen?	59
3.3.2 Leid als Strafe Gottes? Strafangst und Schuldgefühl	61
3.3.3 Gott ist allmächtig, aber warum gibt es dann Leid?	64
3.3.4 Ist Leid unvermeidlich um der menschlichen Freiheit willen?	65
3.3.5 Gläubiger Verzicht auf eine Lösung	66
3.4 Seelsorge, Psychologie und Glaube	67
3.5 Entwicklungspsychologische Perspektiven	70
3.5.1 Das Stufenmodell nach Jean Piaget	70
3.5.2 Die moralische Entwicklung nach Lawrence Kohlberg	72
3.5.3 Die Stufen des religiösen Urteils nach Fritz Oser und Paul Gmünder	74

4 Die Theodizeeproblematik im Religionsunterricht der Primarstufe 78
   4.1 Vorgaben der Rahmenrichtlinien für das Fach Katholische
       Religion in der Primarstufe   78
   4.2 Vorgaben des Grundlagenplans für den katholischen
       Religionsunterricht in der Grundschule   81
   4.3 Zur Begründung und Notwendigkeit der Behandlung der Leid-
       problematik im Religionsunterricht der Primarstufe   83
   4.4 Didaktisch-methodische Überlegungen   87
      4.4.1 Die Theodizeefrage im Kontext der Hiob-Geschichte   88
      4.4.2 Das Leben Jesu als Glaubens- und Hoffnungsperspektive   108
      4.4.3 Die Leidproblematik im Lehrwerk „Religionsbuch für das
           4. Schuljahr" von Hubertus Halbfas   115
      4.4.4 Kinderliteratur als Medium zur Problemerschließung der
           Leidwiderfahrnisse   121
      4.4.5 Weiterführende Hinweise   123

5 Resümee und Ausblick   127

6 Literaturverzeichnis   129

0 Vorbemerkungen

Das leitende Interesse, das am Ursprung der folgenden Arbeit stand, lässt sich in den Fragen zusammenfassen: Wenn es einen allmächtigen Gott gibt, der uns liebt, wie kann er dann das Leid in der Welt zulassen und warum verhindert er es nicht? Kann angesichts der Leiderfahrungen überhaupt noch von Gott gesprochen werden? Ist es legitim, den Protest gegen Schmerz, Leid und das Böse in der Welt zur Anklage gegen Gott zu machen? Welche Relevanz hat der freie Wille des Menschen im Kontext der Leidproblematik?

Hinter meiner Beschäftigung mit dem Problem der Theodizee stand auch ein wissenschaftstheoretisches Interesse. Der dabei leitende Grundgedanke war folgender: Welche Antworten geben renommierte Theologen angesichts der vielfachen Absurdität des Lebens oft gestellten Frage, ob Gott gerecht sei und wie das Übel mit der Güte und Liebe Gottes zu vereinbaren sei? Führen diese Überlegungen zu einem einheitlichen religionsphilosophischen und theologischen Konsens bezüglich der Rechtfertigung Gottes angesichts des Leids? Können diese wissenschaftlichen Diskussionen helfen, Menschen in Leid und Not zu tragen, ihnen neue Hoffnung schenken und Kraft zum Durchhalten geben? Um diese und ähnliche Anfragen soll es in dieser Arbeit gehen, wobei mich in besonderem Maße persönliche Motive dazu veranlasst haben, intensive Recherchen zu dieser Problematik anzustellen. Diese subjektiven Beweggründe ergaben sich aus diversen Schulpraktika, die gezeigt haben, wie vielfältig das Leid der Kinder sein kann. „So sind ... seit Jahren die am dringlichsten gestellten Fragen der Kinder die *Fragen nach dem Warum des Krieges, nach dem Leid und Unrecht*, das Menschen einander zufügen, und nach dem *schuldlos leidenden Menschen.*"[1] Um im Religionsunterricht diesen und anderen Fragen der Schüler[2] angemessen begegnen zu können, bedarf es einer einfühlsamen und verantwortungsvollen Auseinandersetzung mit dieser Thematik, denn die Theodizeefrage lässt sich nicht – wie etwa in naturwissenschaftlichen Fächern – verifizieren oder falsifizieren, sie bedarf eines tiefsinnigen Denkens, das sich dem Geheimnis Gottes zu nähern

---

[1] Oberthür, Rainer, Kinder fragen nach Leid und Gott. Lernen mit der Bibel im Religionsunterricht, München 1998, 11.

[2] Zur besseren Lesbarkeit soll auch im Folgenden auf die integrative Sprache verzichtet werden und nur der Terminus „Schüler" verwendet werden. Dieses gilt auch für die Begriffe „Erzieher", „Lehrer" und „Religionslehrer". Selbstverständlich ist damit auch immer die feminine Form „Schülerinnen", „Erzieherinnen", „Lehrerinnen" und „Religionslehrerinnen" eingeschlossen.

versucht, ohne es aber jemals total erfassen zu können. Eine Religionspädagogik, die dieser wohl schwierigsten Frage der Theologie auszuweichen versucht, lässt die Kinder mit ihren großen Fragen alleine und vermittelt keine Perspektiven, das Leben trotz der Leiderfahrungen positiv anzunehmen. Das Ziel meiner Arbeit ist erreicht, wenn sich die Leserinnen und Leser den hartnäckigen Fragen der Kinder stellen und diesen mit Achtsamkeit, Empathie und theologisch-pädagogischem Geschick begegnen.

Für das Erstellen dieser Arbeit habe ich zu danken: Herrn Prof. Dr. R. Sauer, der meine Arbeit bis zur Fertigstellung begleitete und durch seine motivierende Beratung diese Abhandlung sehr bereicherte, Herrn Prof. Dr. Dr. R. Lachner für sein ausführliches und engagiertes Zweitgutachten, Herrn Prof. Dr. E. Spiegel, der mir im Rahmen seiner Reihe „Workshop Religionspädagogik" die Möglichkeit gab, diese Examensarbeit zu veröffentlichen, sowie meiner lieben Freundin Dr. A. Bockholt, die mich durch ihre wohlwollend-kritische Begleitung zu vertieften theologischen, psychologischen und pädagogischen Reflexionen bewegt hat. Im Besonderen stehen meinem Mann und meiner Tochter große Anerkennung und Dank zu, da sie mich während meines gesamten Studiums mit viel Liebe und Verständnis getragen haben, besonders wenn das Ziel noch so weit entfernt schien.

1 Einleitung

Wie der Titel „Warum nur? Die Theodizeefrage im Religionsunterricht der Primarstufe" anzudeuten versucht, geht es um Erarbeitungsmöglichkeiten der Leidproblematik im Horizont der Aufgaben und Ziele des Katholischen Religionsunterrichts in der Grundschule. Dabei sollen die mannigfachen Leidwiderfahrnisse der Kinder Berücksichtigung finden, um mögliche Wege der Verarbeitung zu eruieren, die den Schülern vielleicht auch erst Jahre später hilfreich sind. Auch die Gottesvorstellungen der Schüler werden thematisiert, um über die Frage nachzudenken, welches *tragfähige* Gottesbild für die Leidensbewältigung mit den Kindern erarbeitet werden kann. Die Arbeit umfasst deshalb drei Teile: Im ersten Teil geht es darum, einen Einblick in die theologischen Grundlagen der Theodizeeproblematik zu vermitteln und damit die Komplexität dieser Fragestellung ins Blickfeld zu rücken. Da die Literatur zu dieser Thematik sehr umfangreich ist und eine Fülle von Teilaspekten beinhaltet, werde ich mich auf die wesentlichen Grundzüge der Leidproblematik beschränken, um damit eine erste Orientierung über das Thema zu gewinnen. Neben den traditionellen Antwortversuchen philosophisch-theologischer Vordenker, wie etwa Epikur, Augustinus und T. v. Aquin, wird die Entwicklung des Terminus „Theodizee" nach G. W. Leibniz detailliert erörtert und durch die Beiträge K. Rahners zu dieser Thematik vervollständigt. Seelsorgerische Aspekte und die menschlichen Voraussetzungen zur Leidensfähigkeit werden skizziert, bevor die Verknüpfung des Leids mit Gottes Allmacht und Güte, seiner Schöpfung und der menschlichen Willensfreiheit erläutert wird. Im Rückgriff auf die alttestamentlichen Zeugnisse von Ijob[3] und den Klagepsalmen sollen exemplarisch die protestierenden Reden und Provokationen von leiderfahrenen Menschen in der Bibel dargestellt werden. „Die Klage, das wird im Ijobbuch ‚dramatisch' deutlich, ist kein Akt der Rebellion gegen Gott, auch keine Verzweiflungstat, sondern die angemessene und einzig hilfreiche Haltung des Menschen im Leid."[4] Daraufhin soll auf die Fragen, die durch die Passionsgeschichten im Neuen Testament entstehen, eingegangen werden, um die elementare Intention dieser Texte für die Problematik des Übels und der Not zu erfassen.

---

[3] Ijob ist die ökumenische Schreibweise dieses Namens, veröffentlicht in den Loccumer Richtlinien. Die Schreibung „Hiob" wird als Terminus in meiner Arbeit ebenfalls appliziert.

[4] Steins, Georg, Klagen ist Gold!, in: ders. (Hg.), Schweigen wäre gotteslästerlich. Die heilende Kraft der Klage, Würzburg 2000, 9-15, hier 113.

Ausgehend von dieser systematischen und kursorischen Darstellung der Theodizeefrage werden in Kapitel 3 zunächst einige exemplarische Leidwiderfahrnisse, die charakteristisch sind für die veränderte Kindheit, angeführt. Um die Fragen, Gedanken und Erfahrungen der Schüler hinsichtlich der Thematik verstehen zu können, ist es notwendig, den Wahrnehmungs- resp. Deutungshorizont sowie die Erklärungsmuster für das Leid aus der Perspektive der Kinder zu erschließen. Nach diesen vorbereitenden Überlegungen können Wege und Möglichkeiten entworfen werden, die als Halt für die Kinder zum Bestehen im Leid gedacht sind. In einem nächsten Schritt soll das besondere Verhältnis von Seelsorge, Psychologie und Glaube berücksichtigt werden, um zu akzentuieren, dass Hilfen im Leid nicht ausschließlich von ausgebildeten Psychotherapeuten gegeben werden können, sondern auch der Lehrer unterstützend wirken kann. „Jeder Christ ist auch ohne besondere Ausbildung in der Lage (und dazu berufen!), gegründet auf dem Worte Gottes und geleitet durch den Heiligen Geist, seelsorgerlich zu handeln."[5] Bevor der Blick auf die Thematisierung der Leidproblematik im Religionsunterricht der Primarstufe gerichtet werden kann, sind – ebenfalls noch unter Kapitel 3 – die Forschungsergebnisse zu der kognitiven, moralischen und religiösen Entwicklung der Kinder darzustellen, damit diese in die unterrichtspraktischen Überlegungen integriert werden können.

Ausgehend von diesen Ergebnissen sind nun in Kapitel 4 konkrete Analysen für die Thematisierung der Theodizeeproblematik in den 3. und 4. Klassen möglich. In diesem Zusammenhang werden die Vorgaben der Rahmenrichtlinien für die Grundschule Katholische Religion des Landes Niedersachsen sowie der Grundlagenplan für den katholischen Religionsunterricht in der Grundschule detailliert erörtert. Daran schließt sich die Argumentation zur Notwendigkeit der Behandlung dieser Themenwahl in der Primarstufe an. Mittels methodisch-didaktischer Überlegungen sollen abstrakt-theoretische Planungen zu zwei Unterrichtsblöcken, nämlich der Hiob-Geschichte sowie Jesu Leiden, Tod und Auferstehung, vorgenommen werden. Als paradigmatischer Zugang zu der Darstellung der Leidproblematik in Religionsbüchern dient das Kapitel „Das dunkle Licht" von H. Halbfas. Die dort eingesetzten Texte und Bilder werden im Hinblick auf mögliche Intentionen untersucht.

Im Anschluss wird eine Auswahl von Kinderbüchern zur Erschließung des Themenkomplexes „Leid" genannt, da dieses Medium als Zugangsmöglich-

---

[5] Dieterich, Michael / Stoll, Claus-Dieter (Hg.), Psychotherapie, Seelsorge, biblisch-therapeutische Seelsorge, Neuhausen-Stuttgart 1987, 8.

keit und Anreiz für Gespräche durchaus geeignet ist. Die weiterführenden Hinweise greifen Aspekte auf, die bei den bisherigen methodisch-didaktischen Überlegungen noch nicht zur Sprache gekommen sind, jedoch bei der Planung des Unterrichts Beachtung finden müssen.

2 Die theologischen Grundlagen der Theodizeeproblematik

Die folgende Reflexion will sich aus historischer, systematischer und exegetischer Perspektive der Fragestellung dieser Arbeit nähern. Diese Überlegungen sind notwendig, um keine vorschnellen und oberflächlichen Antwortversuche auf die Frage zu geben, warum Gott das Leiden in seiner Schöpfung zulässt, da besonders in der „gegenwärtigen Theologie die Bereitschaft groß ist, die eigenen Grenzen bezüglich der Möglichkeit, Antworten auf die Frage zu geben, wie Gott angesichts des Leidens der Geschöpfe ‚gerechtfertigt' werden könnte, zu bekennen"[6]. Um im Religionsunterricht eine adäquate und verantwortliche Behandlung der Theodizeeproblematik zu gewährleisten, muss der Lehrer mit den theologischen Grundlagen dieser Thematik vertraut sein.

2.1 Historische Verortung des Theodizeeproblems

Der von Gottfried Wilhelm Leibniz (1646-1716) geprägte Terminus „Theodizee" ist wörtlich mit „Rechtfertigung Gottes" resp. „Gerechtigkeit Gottes" zu übersetzen. Theodizee bezeichnet den Prozess der Rechtfertigung Gottes gegenüber den Vorwürfen, die ihm hinsichtlich der Leidensgeschichte der Welt zugeschrieben werden.[7] Leibniz versucht in seinem Werk[8] von 1710 zu begründen, dass unsere Welt *mit* den Erfahrungen von Leid und Übel die beste aller möglichen Welten sei. Mittelstrass akzentuiert, „daß diese These eben nicht nur etwas mit theoretischer Vernunft, etwa im Sinne physikalischer Aussagen über die Welt, sondern auch etwas mit praktischer Vernunft, der Art wie wir uns in der Welt handelnd an ethischen Maßstäben orientieren, zu tun hat" und somit „nicht die Beschreibung einer vernünftigen Welt, die zugleich unsere Welt wäre, ... sondern die Herstellung einer solchen

---

[6] Sattler, Dorothea, Das Leiden der Geschöpfe Gottes. Antwortversuche und offene Fragen, in: Loccumer Pelikan, Heft 1 (2003), 13-18, hier 15.

[7] Vgl. Ritter, Werner H., Leiden, in: Lachmann, Rainer / Adam, Gottfried (Hg.), Theologische Schlüsselbegriffe. Biblisch, systematisch, didaktisch, Göttingen 1999, 218-225, hier 220; Janßen, Hans-Gerd, Dem Leiden widerstehen. Aufsätze zur Grundlegung einer praktischen Theodizee, Fundamental-theologische Studien Band 7, Münster 1996, 3; Breuning, Wilhelm, Gotteslehre, in: Beinert, Wolfgang (Hg.), Glaubenszugänge. Lehrbuch der katholischen Dogmatik, Band I, Paderborn u. a. 1995, 201-362, hier 329.

[8] Gemeint ist folgendes Werk: Essais de Theodicée sur la Bonté de Dieu, la Liberté de l'Homme et l'Original du Mal, Amsterdam 1710.

Welt, die unsere Welt werden *könnte*"[9] von Bedeutung erscheint. Bei diesen Überlegungen muss berücksichtigt werden, dass Leibniz nicht nur das Erlebnis des verheerenden Erdbebens von Lissabon im Jahre 1755 erspart blieb, sondern auch die martialischen Kriege der Neuzeit. Durch die bestialischen Verbrechen während der Regierungszeit des Nationalsozialismus sowie die Hungerkatastrophen des 20. und 21. Jahrhunderts erscheinen Zweifel und Misstrauen der Menschen an Gottes Güte und Allmacht eo ipso. Sie nehmen in den desolaten Zuständen das klassische Dilemma wahr: Wenn Gott allmächtig ist, warum kann er das Übel nicht verhindern?[10]

Bereits in der Antike, etwa bei dem griechischen Philosophen Epikur (341-270 v. Chr.) wurden diese Konflikte, wenn auch in anderen Dimensionen, thematisiert. „Es ist die Ebene ureigener Erfahrung von großer Not und unbegreiflichem Leid, die sich *in Klage, Anklage, Protest* und im emotionsgeladenen Schrei ausdrückt: ‚Warum'?"[11] Im Unterschied zu dem Theodizee*problem*, das eine Erklärung resp. Rechtfertigung für das Leid in der Welt sucht, gestaltet sich diese Form der Problematik als Theodizee*frage*, in der die Rede von Gott angesichts der Leidensgeschichte seiner Welt eruiert werden soll.[12] Epikur formulierte seine Gedanken wie folgt: „Entweder will Gott die Übel beseitigen und kann es nicht, oder er kann es nicht und will es nicht, oder er kann es und will es. Wenn er nun will und nicht kann, so ist er schwach, was auf Gott nicht zutrifft. Wenn er kann und nicht will, dann ist er mißgünstig, was ebenfalls Gott fremd ist. Wenn er nicht will und nicht kann, dann ist er sowohl mißgünstig wie auch schwach und dann auch nicht Gott. Wenn er aber will und kann, was allein sich für Gott ziemt, woher kommen dann die Übel und warum nimmt er sie nicht weg?"[13]

---

[9] Mittelstrass, Jürgen, Philosophie in der Leibniz-Welt, in: Marchlewitz, Ingrid / Heinekamp, Albert (Hg.), Leibniz' Auseinandersetzung mit Vorgängern und Zeitgenossen, Studia Leibnitiana: Supplementa 27, Stuttgart 1990, 1-17, hier 13 – Herv. d. Verfasserin d. Arbeit.

[10] Vgl. Breuning, Gotteslehre 330; Ritter, Leiden 220.

[11] Kessler, Hans, Gott und das Leid seiner Schöpfung. Nachdenkliches zur Theodizeefrage, als Ganzschrift enthalten in: Verweyen-Hackmann, Edith / Weber, Bernd (Hg.), Ein guter Gott, der leiden lässt? Materialien zur Bearbeitung der Theodizeefrage im Religionsunterricht der Sekundarstufe II, Kevelaer 2004, 1-64, hier 5 – Herv. im Original.

[12] Vgl. Kessler, Gott und das Leid seiner Schöpfung, 5-7.

[13] Epikur, Von der Überwindung der Furcht. Katechismus, Lehrbriefe, Spruchsammlung, Fragmente. Eingel. und übertr. von Olof Gigon, Zürich u. a. ²1968, 80.

Der Kirchenvater Augustinus (354-430 n. Chr.) suchte nach einer möglichen Antwort für die Frage nach dem Ursprung des Bösen auf der Welt. Er negiert die manichäistische Deutung, dass es neben der Existenz des Guten (= Gott) eine maliziöse Weltperspektive gebe.[14] Nach Augustinus wird Gott als das Gute bestimmt. Diese Erklärung basiert auf dem biblischen Glauben, dass Gottes Schöpfung gut ist und dieser seine Welt sehr gut geschaffen hat.[15] „Alles (substantielle) Sein ist gut. Das Übel kann seine letzte Ursache daher nur im Menschen haben, der seine geschöpfliche Freiheit an Vergängliches Gut gewandt hat."[16] Die Frage, warum Gott dem Übel diese Sphäre konzediert, kann Augustinus mit dem Hinweis auf die Komplexität und die Ordnung der Schöpfung explizieren. Diese Welt wurde unter bestimmten Ordnungsaspekten geschaffen, die das Böse und Üble auf der Welt zunächst *nicht* berücksichtigten. Erst *nach* der Genese des Bösen ist dieses zu einem Bestandteil der Weltordnung geworden.[17] Die Lösung ist im Vertrauen auf Gott zu finden, der nach Augustinus durchaus die Macht hätte, das Böse nicht zuzulassen.[18] „Gott hat alle Naturen gemacht, ‚auch diejenigen, die sündigen werden: Nicht damit sie sündigen, sondern damit sie das Universum schmücken, gleich ob sie sündigen oder nicht sündigen'."[19] Mit diesen Aussagen über die Ursache allen Leids haben die Menschen viele Jahrhunderte gelebt. Auch die mediävale Theologie bezieht sich auf das Enchiridion

---

[14] Vgl. Breuning, Gotteslehre, 331. – Zum Manichäismus: „Kontradiktorisch zum biblischen Schöpfungsglauben leugnet der metaphysische Dualismus (Markion, Manichäismus, Gnosis) die ontologische Gutheit der Schöpfung und darum auch der leiblichen Natur des Menschen (gegen Gen 1,31). Die materielle Welt ist Ort und Quelle des Bösen." Müller, Gerhard Ludwig, Katholische Dogmatik, Freiburg im Breisgau u. a. 1995, 138. – Der Manichäismus hatte seinerzeit viele Menschen von seiner Theorie über die Genese des Bösen überzeugen können. Deshalb mussten die Theologen der Alten Kirche auf diesen, der Intention der Bibel widersprechenden Dualismus reagieren, indem sie den Schöpfergott vor Rückfragen hinsichtlich der Leidensgeschichte der Welt protegierten.

[15] Vgl. Sauer, Ralph, Kinder fragen nach dem Leid. Hilfen für das Gespräch, in: Friemel, Franz Georg / Schneider, Franz, Gespräch über das Leid, Leipzig 1989, 13-93, hier 32.

[16] Sparn, Walter, Leiden IV, in: TRE 20, Berlin u. a. 1990, 688-704, hier 690.

[17] Vgl. Kessler, Gott und das Leid seiner Schöpfung, 10.

[18] Vgl. Breuning, Gotteslehre, 331f.

[19] Kessler, Gott und das Leid seiner Schöpfung, 10.

von Augustinus.[20] Thomas von Aquin (1225-1274) konvergiert mit Augustinus in den folgenden Positionen: „(1) die Ablehnung jedes metaphysischen Dualismus" und „(2) die Idee der ontologischen Depotenzierung des Negativen"[21]. In Differenz zur Augustinischen Lehre stellt Thomas von Aquin das Akzidens des Übels und der Not heraus. Seine Annahme fundiert er mittels der Konklusion, dass Gottes Wille ausschließlich das Gute resp. die Ordnung in der Welt sein kann. Da aber auch das Böse in dieser Welt existiert, ist es unweigerlich ein Teil von Gottes Wille. Nach T. v. Aquin weist das Übel jedoch *keine* ontologische Existenz auf; es ist als Malum das Defizit des Bonum. „Gott kann das Übel zwar nicht unmittelbar, wohl aber *mittelbar* wollen, insofern er sein Wollen auf ein bestimmtes Gut richtet, mit dem dieses Übel untrennbar verbunden ist."[22] Gott wird auf diese Weise von der Verantwortung für die Leidensgeschichte des Universums freigesprochen, da er das Übel zur Erzielung des Heils resp. des Guten lediglich *zulässt*.[23] Ausgehend von der Rechtfertigung Gottes leitete sich der Vorwurf ab, dass der Mensch durch seinen freien Willen das Übel selbst herbeiführt.[24]

Im 17. Jahrhundert verlagerte sich die Diskussion über die Kompatibilität von dem guten Gott gegenüber den leidvollen Erfahrungen in seiner Schöpfung zu einer prinzipiellen Reflexion, die generell nach der Existenz Gottes fragte. In seinen Überlegungen hat G. W. Leibniz zu Beginn des 18. Jahrhunderts „die klassischen Argumente von einer Harmonie und Ordnung der

---

[20] Vgl. Gross, Walter / Kuschel, Karl-Josef, „Ich schaffe Finsternis und Unheil". Ist Gott verantwortlich für das Übel?, Mainz ²1995, 77.

[21] Gross / Kuschel, „Ich schaffe Finsternis und Unheil", 83.

[22] Gross / Kuschel, „Ich schaffe Finsternis und Unheil", 84.

[23] Die Differenzierung „Zulassung" resp. „Bewirkung" des Übels durch Gott wurde auf dem Tridentinum durch das Dekret über die Rechtfertigung (1547) in die katholische Kirche und ihre Lehre aufgenommen. Das Konzil wandte sich gegen die reformatorischen Positionen, „die dem Menschen keinerlei heilsbedeutsames Vermögen vor und nach der Rechtfertigung zugestehen ... Ebenso ist die vom Vorherbestimmungsgedanken geprägte Ansicht zurückzuweisen, ,es stehe nicht in der Macht des Menschen, seiner Wege schlecht zu machen, sondern Gott wirke die schlechten Werke so wie die guten' (DH 1556)." Kraus, Georg, Gnadenlehre – Das Heil als Gnade, in: Beinert, Wolfgang (Hg.), Lehrbuch der katholischen Dogmatik, Band III, Paderborn u. a. 1995, 159-305, hier 251.

[24] Vgl. Kuschel, Karl-Josef, Ist Gott verantwortlich für das Übel?, in: Fuchs, Gotthard (Hg.), Angesichts des Leids an Gott glauben? Zur Theologie der Klage, Frankfurt 1996, 227-261, hier 236f.; Gross / Kuschel, „Ich schaffe Finsternis und Unheil", 91f.

Welt, in der das Übel – als Komplement des Guten, als Mangel an Gutem ... als Folge von Schuld ... – seine Funktion hat, erneuert und rational in großem Stil untermauert"[25]. Die klassischen, bereits in der Scholastik unterschiedenen Erscheinungsformen des Leids (physisches und moralisches Übel), ergänzte Leibniz durch das metaphysische Übel. Mit dem *malum physicum* (das physische Übel) werden Leiden bezeichnet, die durch fehlende naturgesetzliche Eigenschaften entstehen. Dazu zählen nicht nur physische Beeinträchtigungen, sondern auch Naturkatastrophen[26], Hungersnöte, Verkehrsunfälle usw.[27] Unter dem *malum morale* (das sittliche Übel) versteht die klassische Theologie „alle Unzuträglichkeiten und Katastrophen, die ihren Grund in einer bestimmten Ausübung der geschöpflichen Freiheit haben: Kriege, Unterdrückung, Ausbeutung, Sklaverei, Mißhandlungen und dergleichen", und diese ergeben sich aus der „Konsequenz menschlicher Entscheidungen, letztlich wohl" als Resultat „des egoistischen Machtstrebens einzelner oder ganzer Gruppen"[28]. Die von Leibniz geprägte Begrifflichkeit *malum metaphysicum* (metaphysisches Übel) bezeichnet die Endlichkeit resp. Beschränktheit jeglicher Daseinsform auf der Erde, d. h. die Geschöpfe in Gottes Ordnung stellen je individuell eine Unvollkommenheit auf differenten Stufen dar, die in ihrer Gesamtheit als harmonische Struktur erscheinen.[29] In Leibniz' Theorie dominierte der Erklärungsversuch, dass

---

[25] Kessler, Gott und das Leid seiner Schöpfung, 11.

[26] Die Wissenschaft hat in diesem Zusammenhang viele Erkenntnisse hervorgebracht, die die Einflüsse menschlichen Handelns als Auslöser von Naturkatastrophen belegen. Damit sind diese Ereignisse auch der Kategorie des *malum morale* zugehörig.

[27] Vgl. Sauer, Neue Glaubenswege erschließen. Gesammelte Beiträge zur religionspädagogischen Diskussion, Münster 2004, 48; Gross / Kuschel, „Ich schaffe Finsternis und Unheil" 94f., Breuning, Gotteslehre, 333f.

[28] Breuning, Gotteslehre, 334.

[29] Vgl. Kessler, Gott und das Leid seiner Schöpfung 11; Gross / Kuschel, Ich schaffe Finsternis und Unheil 94; Koslowski, Peter, Der leidende Gott. Theodizee in der christlichen Philosophie und Gnostizismus, in: Oelmüller, Willi (Hg.), Theodizee – Gott vor Gericht?, München 1990, 33-66, hier 39f.; Sauer, Neue Glaubenswege erschließen, 48 – Folgendes Beispiel lässt sich für das malum metaphysicum finden: Eine Unvollkommenheit liegt vor, wenn Elemente der Natur, wie beispielsweise Wasser oder Feuer, nicht über die gleichen Wahrnehmungsmöglichkeiten wie Menschen verfügen. Diese Begrenztheit stellt sich aber keineswegs als Irritation dar, sondern ist Teil der geschöpflichen Ordnung, die sich in ihrer Gesamtheit als Vollkommen erweist.

alles Böse in der Welt einen bestimmten Sinn hat, der in der Hinführung zum Guten seinen Höhepunkt findet.[30]

Mit dem einschneidenden Ereignis im Jahre 1755 in Lissabon „kam eine Erfahrung ungerechten, maßlosen Leidens zum Durchbruch, welche jede Rede von der Funktionalisierung des Bösen für das Gute wie hohle Phraseologie erscheinen ließ"[31]. Die Menschen haben aufgrund dieser und anderer Tragödien den Sinn des Leidens und damit auch den Sinn der Schöpfung erneut in Frage gestellt. Sie waren von dem Optimismus der philosophisch-theologischen Plausibilität enttäuscht. Der neuzeitliche Atheismus erhielt neue Anhänger, nicht zuletzt durch die Kritik Immanuel Kants (1724-1804), der der Theodizee unterstellte, keineswegs dem Anspruch gerecht zu werden, Gott angesichts der Existenz des Bösen rational zu rechtfertigen.[32] Ferner sei auch „keine tüchtigere Theodizee zu erwarten ..., weil nämlich gezeigt werden kann, ‚dass unsere Vernunft zur Einsicht des Verhältnisses, in welchem eine Welt, so wie wir sie durch Erfahrung immer kennen mögen, zu der höchsten Weisheit stehe, schlechterdings unvermögend sei'"[33]. Auch Georg Büchner (1813-1837) reagierte mit seinen schriftstellerischen Werken auf die Zweifel und negativen Erfahrungen der Menschen seiner Zeit. Mit dem literarischen Werk „Dantons Tod", einem Drama über die Französische Revolution, formuliert er Ablehnung und Misstrauen gegenüber dem scheinbar moralischen und guten Gott. „Es gibt keinen Gott. ... Schafft das Unvollkommene weg, dann allein <könnt ihr> Gott demonstrieren, Spinoza hat es versucht. Man kann das Böse leugnen, aber nicht den Schmerz; nur der Verstand kann Gott beweisen, das Gefühl empört sich dagegen. Merke dir es, Anaxagoras, warum leide ich? Das ist der Fels des Atheismus. Das leiseste Zucken des Schmerzes, und rege es sich nur in einem Atom, macht einen Riß in der Schöpfung von oben bis unten."[34] Es war nicht mehr möglich, eine Rechtfertigung für das Leiden der unschuldigen Geschöpfe zu finden, auch wenn imposante Persönlichkeiten dieser Zeit, wie Heinrich Heine

---

[30] Auf eine vierte Form des Übels hat T. v. Aquin hingewiesen: Das „malum gnoseologicum", das seine Ursache in der Täuschung und dem Irrtum hat.

[31] Kuschel, Ist Gott verantwortlich für das Übel?, 238.

[32] Vgl. Gross / Kuschel, „Ich schaffe Finsternis und Unheil", 97.

[33] Kessler, Gott und das Leid seiner Schöpfung, 17.

[34] Büchner, Georg, Dantons Tod, in: Poschmann, Henri (Hg.), Georg Büchner. Sämtliche Werke, Briefe und Dokumente, Band 1, Frankfurt am Main 1992, 11-90, hier 56-58.

(1797-1856), gegen den Atheismus opponierten und ihren Glauben an Gott – trotz allen Leidens – weiter verfestigten.

Durch den neuzeitlichen Atheismus entwickelte sich die Theodizee zu einer Anthropodizee, in der die Geschöpfe versuchten, die Faktoren des Leidens aus eigener Virtualität zu vernichten.[35] Der Konflikt zwischen dem unbestrittenen Festhalten an dem guten Gott als dem Schöpfer des Universums und dem Atheismus stellt sich geistesgeschichtlich gesehen als unüberwindbare Diskrepanz dar. „Für viele jedenfalls hat die traditionelle Apologie des Schöpfergottes ihre Plausibilität verloren" und dazu „gehören die Schriftsteller unserer Zeit"[36]. An dieser Stelle seien Literaten genannt wie André Malraux (1901-1976), Reinhold Schneider (1903-1958), Marie Noel (1883-1967), Albert Camus (1913-1960), Wolfgang Hildesheimer (1916-1991), Elie Wiesel (1928) sowie Hartmut Lange (1937).[37] Evangelische Theologen des 20. Jahrhunderts, wie Karl Barth (1886-1968)[38] und Paul Tillich (1886-1965) hielten auch nach Auschwitz weiterhin an den klassischen Antworten der Theodizee fest. Jedoch wurden auch radikale Theorien aufgrund der Erlebnisse durch die bestialischen Machenschaften des Nationalsozialismus entwickelt. „In *Dietrich Bonhoeffers* [1906-1945; d. Verf. d. Arbeit] Aufzeichnungen aus dem Gefängnis sind Ansätze zu einer Radikalversion traditioneller Theologie zu erkennen, ist doch die offensichtliche Religions- und Gottlosigkeit seines Zeitalters für ihn der Grund, die überkommenen theologischen Kategorien in Frage zu stellen und nach einem anderen Gottesbegriff, nach einem anderen Reden von Gott zu suchen."[39]

Der katholische Theologe und Religionsphilosoph Karl Rahner (1904-1984) diskutiert vier verschiedene Möglichkeiten, die Frage nach der Zulassung des Leidens in der Welt zu beantworten.[40] Zunächst prüft er den Versuch, die Leidensgeschichte der Welt als Epiphänomen der allgemeinen

---

[35] Vgl. Kessler, Gott und das Leid seiner Schöpfung, 19.

[36] Gross / Kuschel, „Ich schaffe Finsternis und Unheil", 103.

[37] Vgl. Kessler, Gott und das Leid seiner Schöpfung 19-25; Gross / Kuschel, „Ich schaffe Finsternis und Unheil", 166-169.

[38] Karl Barth ließ sich in seinen Ausführungen von dem dänischen Philosophen, Schriftsteller und Theologen Søren Aabye Kierkegaard (1813-1855) sowie von dem jüdischen Religionsphilosophen Martin Buber (1878-1965) nachhaltig beeinflussen.

[39] Gross / Kuschel, „Ich schaffe Finsternis und Unheil", 105 – Herv. im Original.

[40] Vgl. zu Folgendem: Rahner, Karl, Warum lässt Gott uns leiden?, in: Schriften zur Theologie. Bd. XIV, Zürich u. a. 1980, 450-466, hier 454-462.

Evolution zu definieren und bezieht sich in diesem Kontext auf die Aussage, dass das Böse letztlich nur die Funktion habe, das Gute herbeizuführen. Doch scheint ihm diese Antwort zu oberflächlich und insuffizient. „Der ungeheuerliche Protest, der aus der Weltgeschichte sich erhebt, ist nicht einfach der verstärkte Lärm, der ein im Grunde selbstverständliches Leben und Sterben immer und überall begleitet; wer so den Schmerz in der Weltgeschichte verharmlosen würde, ... wird nur so lange auf diese billige Weise mit dem Leid und Tod in der Menschheitsgeschichte fertig, als ihn dieses Leid doch noch erst von ferne berührt."[41] Die zweite These amplifiziert, dass das Leid in der Welt letztlich als Resultat aus der menschlichen Freiheit hervorgehe. Rahner hält auch diese Aussage über die Zulassung des Leidens in der Welt für unzureichend, da die menschliche Freiheit durch die Verfügung Gottes geschaffen wird. „Wir sind frei, wir können die Verantwortung für unsere Freiheitsentscheidungen nicht auf Gott abwälzen, aber eben diese unsere Entscheidungen sind noch einmal restlos umfaßt von der Verfügung Gottes allein, die nur in ihm und in sonst gar nichts ihren Grund hat."[42] Die dritte Antwort, dass das Leid zur Prüfung des Menschen von Gott toleriert wird, ist laut Rahner zur Beantwortung der Frage im Hinblick auf die Leidenserfahrungen von bspw. unmündig sterbenden Kindern nicht angemessen. In diesem und in anderen Fällen kann das Leid nicht als Reifungsprozess oder menschliche Bewährung tituliert werden. Die vierte Deutung des Leids, als Verweis auf das ewige Leben nach dem Tod, begründet nicht, warum das Leid als Medium zu Erlangung dieses ewigen Lebens erforderlich ist. Warum muss das Leid durch den bevorstehenden eudämonischen Zustand Gottes Reich legitimiert werden?[43]

Die Diskussion Rahners verdeutlicht, dass es scheinbar keine hinreichenden Argumente für die Rechtfertigung des Leidens gibt. Wie Gott der Schöpfer für uns ein unbegreifliches Arkanum ist, erscheint auch der Sinn des Leidens als unerklärliches Mysterium.[44] „Ähnlich wie Rahner sind viele

---

[41] Rahner, Karl, Warum lässt Gott uns leiden?, 456. – Rahner bezieht sich an dieser Stelle im Besonderen auf das Schicksal der Juden zur Zeit des Nationalsozialismus.

[42] Rahner, Warum lässt Gott uns leiden?, 458.

[43] Vgl. Rahner, Warum lässt Gott uns leiden?, 460-462.

[44] Mit der Geheimnishaftigkeit Gottes ist „nicht (allein) die Tatsache, dass Gott für das menschliche Erkenntnisvermögen letztlich undurchschaubar bleibt" gemeint, „das Wort 'Geheimnis'" bespricht ferner „die immer bleibende Geschenkhaftig-

Theologen der Meinung, dass es zumindest im gegenwärtigen Dasein keine befriedigende Erklärung dafür gibt, warum wir (und andere Geschöpfe) leiden müssen. ... Eine theoretische Antwort auf das Theodizeeproblem gebe es deswegen nicht, wir müssten warten auf die Theodizee durch Gott selbst."[45]
Im Hinsicht auf die Zielsetzung dieser Arbeit, soll dieser historische Einblick in die philosophischen und theologischen Antwortversuche der Leidproblematik zunächst genügen. Diese fragmentarische und quasi modellhafte Auswahl dient als Grundlage für die folgenden Ausführungen.

2.2 Theodizeeproblem und Praxis des Glaubens

Die aktuelle Theologie hat es sich zur Aufgabe gemacht, Modelle zu entwickeln, die bei der *praktischen* Bewältigung des Leidens hilfreich sind. Damit liegt der Akzent nicht mehr bei den traditionellen Theodizeesystemen, die zur *theoretischen* Erklärung des Leidens evolviert wurden. In der seelsorgerischen Praxis sind vorgefertigte Antworten auf die Frage nach dem Sinn des Übels inopportun, da die Suche gemeinsam mit den Leidenden weitaus effektiver erscheint.[46] „Insofern solche praktische Bewältigung natürlich immer fragmentarisch bleibt und niemals in die Beruhigung theoretischer Gewißheit münden kann, da wir das vergangene Leiden – etwa und gerade das von Auschwitz – in keiner der genannten Weisen bewältigen können, deshalb gehört zur christlichen Praxis angesichts des Leids auch die Wiederent-

---

keit der Zuwendung Gottes". Sattler, Dorothea, Das Leiden der Geschöpfe Gottes, 18.

[45] Kessler, Gott und das Leid seiner Schöpfung 38. – Auch Hans Küng schreibt dazu in seinem Buch „Credo": „Wenn man sich seit Jahrzehnten mit all den Versuchen der Theodizee immer wieder beschäftigt hat, darf man es sicher so direkt sagen: Eine *theoretische Antwort* auf das *Theodizee-Problem*, scheint mir, *gibt es nicht!*" Küng, Hans, Credo, München 1992, 121. – Herv. im Original.

[46] Vgl. Janßen, Dem Leiden widerstehen, 4 u. 47; Kreiner, Armin, Gott und das Leid, Paderborn ²1995, 62; Kreiner, Armin, Gott im Leid. Zur Stichhaltigkeit der Theodizee-Argumente, Quaestiones disputatae 168, Freiburg u. a. 1997, 191f. – Die Hinwendung zur Überprüfung der praktischen Relevanz von Theodizee-Lösungen ist nicht zuletzt aus der Ideologiekritik der Philosophiegeschichte entstanden. „Das Spezifikum einer ideologiekritischen Analyse besteht im wesentlichen darin, die Geltung von Überzeugungen nicht mehr theorieimmanent im Hinblick auf ihre logische Konsistenz oder ihren objektiven Wahrheitsgehalt zu überprüfen, sondern vorrangig im Hinblick auf ihre praktische Relevanz, die aus der Akzeptanz dieser Überzeugungen in einem bestimmten gesellschaftlichen Handlungskontext resultiert." Kreiner, Gott im Leid, 193.

deckung der biblischen Klage vor Gott, ja, der Anklage Gottes."[47] Eben diese Rückfragen resp. Klagen an Gott waren in der augustinischen Theologie nicht konzediert. Der Mensch wurde aufgrund seiner begangenen Sünden verantwortlich gemacht für das Leiden in der Welt, um Gott von der Verantwortung für die leidvollen Erfahrungen freizusprechen. Unbewusst wurde dadurch die Basis für den neuzeitlichen Atheismus geschaffen.[48] Dabei ist die Klage resp. Anklage Gottes als Teil des Gebets in schrecklichen Situationen durchaus legitim, ja sogar willkommen, denn nur „auf diese Weise der Hinwendung zu Gott kann die Abwendung von Gott, für die so vieles aus der Erfahrung zu sprechen scheint, vermieden werden"[49]. Auch Kreiner plädiert für eine aktive Haltung und Engagement des Leidenden, der statt der Apologie des Bestehenden Widerspruch gegen das Unrecht erheben muss. Ferner ist eine Korrelation zwischen den theoretischen Vorgaben der Tradition und den praktischen Glaubenserfahrungen absolut notwendig.[50] „Die Frage nach dem Sinn des Leids ist keine überflüssige Angelegenheit. ... Von ihrer Beantwortung hängt entscheidend ab, wie wir mit dem Leid praktisch umgehen. ... Der bewußte Verzicht auf alle Erklärungsversuche kann ... den Eindruck erwecken, der christliche Glaube habe vor dem Leidproblem kapituliert."[51] Die Negation sämtlicher traditioneller Versuche, die Leidensgeschichte der Welt zu verstehen, erweist sich gerade im 20. und 21. Jahrhundert als Sophismus.[52]

Der Rabbiner H. Kushner schreibt in seinem legendären Buch „Wenn guten Menschen Böses widerfährt", dass er keine weitere Analyse über den Sinn des Leidens vornehmen möchte, die der Rechtfertigung Gottes oder der

---

[47] Janßen, Dem Leiden widerstehen, 4.

[48] Vgl. Metz, Johann Baptist, Theologie als Theodizee?, in: Oelmüller, Willi (Hg.), Theodizee – Gott vor Gericht?, München 1990, 103-118, hier 109f.

[49] Steins, Klagen ist Gold! 10. – Auch Janßen urteilt in ähnlicher Weise über die Klage, wie sie bspw. im Buche Hiob geschrieben steht: „Solches Hadern ist nicht nur aus pastoralen Gründen zugelassen für solche, die im Glauben nicht gar so fest stehen, sondern ist ein angemessener Ausdruck gläubigen Ringens um Gott angesichts erschütternder Leiderfahrung; deshalb hat die Klage eine eigene theologische Würde." Janßen, Dem Leiden widerstehen, 48.

[50] Vgl. Kreiner, Gott im Leid, 195f.

[51] Kreiner, Gott und das Leid, 64.

[52] Petzel, Paul, Leiden – Theodizee, in: Bitter, Gottfried / Englert, Rudolf / Miller, Gabriele / Nipkow, Karl Ernst (Hg.), Neues Handbuch religionspädagogischer Grundbegriffe, München 2002, 98-101, hier 100.

Notwendigkeit des Bösen als Wegbereiter des Guten dient. Sein Buch entstand aus seinen eigenen Erlebnissen, die er während der Leidenszeit seines Sohnes Aaron erfahren hatte. Die traditionellen Abhandlungen über die Allmacht Gottes waren zur Beantwortung seiner Frage, warum Gott ein unschuldiges Kind leiden ließ, unzureichend.[53] H. Kushner fundiert seine Ambition resp. Intention, dieses Buch zu schreiben, wie folgt: „Ich wollte es schreiben für alle, die weiter fest im Glauben bleiben wollten, aber deren Zorn gegen Gott es ihnen schwer machte, an diesem Glauben festzuhalten und Trost in der Religion zu finden. Und ich wollte es schreiben für alle, die sich aus Liebe und Verehrung für Gott Vorwürfe machten und sich einredeten, sie hätten ihr Leid verdient."[54] Die Verkaufszahlen dieses Werkes und die Höhe der Auflagen – in Deutschland wird 2004 bereits die achte Auflage angeboten – sind nur *ein* Indiz dafür, dass die Theodizeefrage aus der praktischen Perspektive eine enorme Bedeutung für die Menschen hat, die mit den theoretischen Lösungsversuchen keinen wirklichen Halt mehr in ihrer Trauer oder Hilflosigkeit finden. Jedoch greift auch H. Kushner in seiner Abhandlung – zwar kritisch – auf die klassischen Antwortmodelle der Theodizee zurück, wie bspw. auf das Ordnungssystem nach Leibniz. Das Leben eines Menschen wird mit einem scheinbar wirren Muster eines Teppichs verglichen, dessen Ordnung für uns nicht evident ist, allerdings für Gott als planvolles Ganzes *durchaus* transparent erscheint.[55] Dieser Erklärungsversuch kann zwar vielen Menschen Trost schenken, jedoch scheitert er spätestens bei dem Versuch, die Leiden der Opfer des Holocaust zu erklären.

D. Sölle formuliert in Bezug auf die Relevanz der Theodizee in der praktischen Perspektive folgende Aussage: „Die moderne, gesellschaftskritische, nach außen bezogene Frage nach dem Leiden … kann nur dort sinnvoll gestellt werden, wo die traditionelle, auf das Individuum bezogene, nach innen gestellte Frage *nicht* verdrängt wird. … Wer die Aufhebung bestimmter Formen des Leidens, die heute noch die Mehrzahl der Menschen betreffen, übersieht, der wird sich mit Hilfe einer Ideologie des Ertragens an der gewinnbringenden Aufrechterhaltung der Zustände beteiligen."[56]

---

[53] Vgl. Kushner, Harold S., Wenn guten Menschen Böses widerfährt, München 1983, 11-16.

[54] Kushner, Wenn guten Menschen Böses widerfährt, 15.

[55] Vgl. Kushner, Wenn guten Menschen Böses widerfährt, 29f.

[56] Sölle, Dorothee, Leiden, Stuttgart u. a. ^{3}1976, 11f – Herv. d. Verfasserin d. Arbeit.

Die gemeinsame theoretische Grundlage aller genannten Autoren lässt sich in den folgenden Thesen ausdrücken: Eine Leidbekämpfung ist ohne die Wechselbeziehung der theoretischen Erklärungen und den praktischen Erfahrungen ineffektiv. Von besonderer Bedeutung – vor allem für die seelsorgerische Begleitung Leidender – ist die Befähigung der Menschen „im Namen Gottes gegen das Leid anzukämpfen und sich mit den Leidenden solidarisch zu zeigen"[57]. Vorgefertigte Antworten für das Leid werden in diesem Zusammenhang angesichts des veränderten theologischen Verständnisses obsolet und die Tragfähigkeit christlicher Hoffnung rückt in das Zentrum der Diskussion.

Nach dieser skizzenhaften, aber für unseren Zusammenhang ausreichenden Darstellung, sind wir darauf vorbereitet, auf die Fragestellung nach dem anthropogenen Ursprung des Leidens anhand repräsentativer Autoren detaillierter einzugehen, um daraufhin zu einem elementaren Bestandteil der Diskussion – nämlich der Frage nach Gottes Allmacht angesichts des Leidens – vorzudringen.

2.3 Anthropogene Leidensfähigkeit

Der Begriff des Leidens wird im deutschen Sprachgebrauch synonym für die Wörter „erdulden", „ertragen", „aushalten", „sterben" usw. eingesetzt. Damit impliziert die Verwendung dieses Terminus aus anthropologischer Perspektive, dass der Mensch die ihm auferlegten Restriktionen passiv akzeptiert. „Leiden ist also zunächst nicht eine Handlungsweise des Menschen, sondern bezeichnet im Gegenteil die Begrenzung bzw. die Einschränkung menschlicher Handlungsfreiheit bzw. von Lebensmöglichkeiten."[58] Darüber hinaus sind zwei anthropologische Voraussetzungen gegeben, die die Geschöpfe leidensfähig machen. Durch die Sensualität kann der Mensch eine objektive Realität in subjektives Empfinden transformieren, wobei dieses Gefühl durch positive als auch negative Emotionen gekennzeichnet sein kann. Damit ist der Mensch „nicht nur lustfähig, sondern auch leidensfähig"[59]. Ferner kann der Mensch in Differenz zur animalischen Leidensfähigkeit seine momentane Leidenssituation an vergangenen Erfahrungen messen und somit die etwaige Dauer oder Intensität seiner Leiden eruieren, auch

---

[57] Kreiner, Gott und das Leid, 58.
[58] Körtner, Ulrich H. J., Wie lange noch, wie lange? Über das Böse, Leid und Tod, Neukirchen-Vluyn 1998, 42f.
[59] Körtner, Wie lange noch, wie lange?, 43.

wenn diese Analyse zu einem bedrohlich wahrgenommenen Ergebnis führen kann, wie bspw. die Diagnose einer unheilbaren Krankheit.[60] Im Gegensatz zu den Tieren, die ihre Schmerzen zum Schutz resp. als Aufrechterhaltung ihrer Art passiv hinnehmen, ist diese Erklärung für die Menschen insuffizient. „Er [= der Mensch; d. Verf. d. Arbeit] ist nicht Mittel zum Zweck, bei ihm muß das Leid daher unmittelbar für ihn selbst einen Sinn haben – oder keinen."[61] G. Gerstenberger und W. Schrage bedienen sich einer äußerst fragwürdigen Aussage hinsichtlich der Ergebenheit von Menschen in ihr Schicksal. Diese Kapitulation vor dem Unheil in einer Art der gelernten Hilflosigkeit setzen sie der passiven Haltung von Tieren gleich.[62] Eine Generalisierung dieser Hypothese scheint mir unangemessen, da die individuelle Situation der Menschen bedacht werden muss. Fehlt ihnen die Kraft nach dem Sinn des Leidens zu fragen oder in Form der Klage mit Gott zu sprechen, kann das Verhalten dieser Menschen nicht mit animalischen Instinkten verglichen resp. auf eine Ebene gestellt werden. In diesem Zusammenhang sei auf die bereits und Punkt 2.2 erwähnte seelsorgerische Hilfeleistung verwiesen, die diesen Menschen durch Beistand das notwendige Selbstbewusstsein vermittelt, um neue Hoffnung zu schöpfen und die Sinnlosigkeit zu paralysieren. „Das Bewußtsein der Ohnmacht ist eine fundamentale Bestimmung des Leidens; jeder Versuch, Leiden zu humanisieren, muß an diesem Phänomen erfahrener Machtlosigkeit ansetzen und Kräfte aktivieren, die das Bewußtsein eigener Machtlosigkeit überwinden."[63]

Im Weiteren soll den folgenden Fragen nachgegangen werden: Wieso lässt Gott das Elend in der Welt zu, wenn er doch allmächtig ist? Warum hat er keine bessere Welt erschaffen, in der es keine Sünde gibt? Ist Gott nur ein leidender Wegbegleiter angesichts des Schicksals in der Welt? Diese und weitere Diskussionen sollen als Essenz des folgenden Kapitels in extenso ventiliert werden.

---

[60] Vgl. Körtner, Wie lange noch, wie lange?, 43f.

[61] Keller, Albert, Schmerz – Leid – Tod. Wie kann Gott das zulassen?, Kevelaer 1980, 60.

[62] Vgl. Gerstenberger, Gerhard / Schrage, Wolfgang, Leiden, Stuttgart u. a. 1977, 89f.

[63] Sölle, Leiden, 19. – Der Zusammenhang zwischen unserem Schuldempfinden und dem erfahrenen Schicksal, der oftmals zu einer Kapitulation vor dem Leiden führt, wird in den Kapiteln 2.4.4 und 3.3.2 eruiert.

2.4 Erfahrungen mit Gott im Angesicht des Leids

2.4.1 Gottes Allmacht

In der Diskussion um Gottes Allmacht in Kohärenz mit dem Theodizeeproblem hat sich folgende Antinomie entwickelt: Wenn Gott de facto allmächtig ist, warum müssen wir dann diese Dimensionen von Leid in der Welt erfahren? Zudem könnte Gott – wenn er allmächtig ist – dieses Übel verhindern. Es existieren diverse Lösungsmöglichkeiten, diesen Antagonismus aufzulösen. A. Kreiner hat in diesem Kontext eine Grafik mit drei Hypothesen konzipiert, die nach seinem Ermessen ursächlich sind für den Widerspruch im Leidproblem:[64]

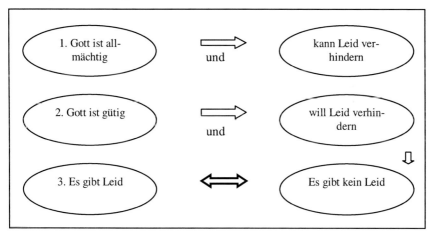

Die Auflösung des Widerspruchs kann nach A. Kreiner nur darin liegen, eine der dargestellten Annahmen aufzugeben. Da es nicht denkbar ist, die Existenz des Leids zu leugnen und Gottes Güte als absolutes Attribut unseres Gottesbegriffs zu negieren, scheint die Preisgabe der Allmacht Gottes als rationale Lösung der einzige Ausweg.[65] „Die Existenz des Leids stellt dann nämlich keinen Widerspruch mehr zur Behauptung eines gütigen (aber nicht allmächtigen) Gottes dar. Zu glauben, daß Gott in seiner Güte das Leid ver-

---

[64] Vgl. Kreiner, Gott und das Leid, 77.
[65] Auch die evangelische Theologin D. Sölle spricht sich für den Verzicht von der Vorstellung Gottes als allmächtigen Lenker der Welt aus. Vgl. Sölle, Leiden, 34f.

hindern will, dies aber aufgrund seiner Ohnmacht nicht vermag, wäre keinesfalls widersprüchlich."[66]

Schon in der Prozesstheologie[67], die ihren Ursprung in der jüngeren nordamerikanischen Theologie hat, wurde auf die traditionelle Vorstellung von der Allmacht Gottes verzichtet. Für Bernward Gesang, einen überzeugten Atheisten und Religionskritiker[68], stellt sich die These der Prozesstheologie als Absurdität dar, denn würde man dieser Behauptung Glauben schenken, so hätte Gott noch weniger Macht als die von ihm erschaffenen Geschöpfe. Zur Unterstützung seiner Behauptung formuliert er nachfolgende, lediglich auf die profane Macht Gottes zielende These: „Daß er Tote nach deren Ableben wieder auferwecken kann, ist ebenfalls unwahrscheinlich, denn das scheint doch ein größeres Kunststück zu sein, als es die Ablenkung einer Gewehrkugel ist. Welchen Unterschied macht es, ob es einen solchen Gott gibt oder nicht?"[69] Die Reduktion der Macht Gottes auf das Eingreifen in diese weltlichen Faktizitäten, ist für die Argumentation dieses Autors, dessen Interesse ausschließlich an dem Beweis der Nicht-Existenz Gottes liegt, durchaus opportun. Dabei unberücksichtigt bleiben Erfahrungen von Menschen, die zwar keine Zeugen von wundersamen Erscheinungen in ihrer Not wurden, jedoch in ihrem Gebet erleben durften, dass sie nicht allein sind, dass Gott ihnen zur Seite steht und den Willen gibt, durchzuhalten. „Gott verhilft uns zu Tapferkeit in Krankheit und im Leid; Er gibt uns die Gewissheit, daß wir mit unseren Ängsten und Schmerzen nicht allein gelassen werden."[70]

In der Diskussion um die Allmacht resp. Ohmacht Gottes angesichts des Leidens ergibt sich somit folgendes Problem: Die getroffenen Aussagen sind determinierte personale Darstellungen von Gott, die seine Unbegreiflichkeit

---

[66] Kreiner, Gott und das Leid, 78.

[67] Die Prozesstheologie ist eine theologische Denkrichtung und beruht auf der Naturphilosophie von Alfred North Whitehaed (1861-1947).

[68] Seine Orientierung ist eindeutig in dem Epilog seines Buches zu erkennen, wo er schreibt: „*Die Anklage gegen Gott erweist sich im wahrsten Sinne des Wortes als gegenstandslos. Es spricht alles dafür, daß die Anklagebank während unserer gesamten Gerichtsverhandlung leer gewesen ist.*" Gesang, Bernward, Angeklagt: Gott. Über den Versuch, vom Leiden in der Welt auf die Wahrheit des Atheismus zu schließen, Tübingen 1997, 180. – Herv. im Original.

[69] Gesang, Angeklagt: Gott, 84.

[70] Kushner, Wenn guten Menschen Böses widerfährt, 124.

und sein Arkanum inadäquat bedenken.[71] Die Wurzeln dieses Verständnisses führen in die spätantike politische Logik zurück. „Auf der einen Seite konnte angesichts einer als übermächtig erfahrenen Staatsmacht die Rückbindung an einen als allmächtig gedachten und geglaubten Gott jene Sicherheit gewähren, die in der Verfolgungssituation lebensnotwendig war. Umgekehrt bot nach der Etablierung des Christentums als Staatsreligion der Topos von einem ‚allmächtigen Gott' eine willkommene Legitimation: die reale Macht (die politische und die kirchliche) sah sich auserwählt, Werkzeug eines allmächtigen Gottes und Verlängerung seiner Allmacht zu sein."[72] Allmacht muss jedoch als Wesensmerkmal desjenigen verstanden werden, dem sie gehört und darf damit nicht durch irdische Begriffe ersetzt werden. Das Problem scheint in dem irrigen Verständnis von Allmacht zu liegen, das weniger transzendental und damit stärker als räumliche Erfahrung gedacht wird.[73] Als Kritik an der Prozesstheologie, die eben jene Allmacht Gottes leugnet, mit der er das Leid in der Welt verhindern könnte, stellt sich die Frage, ob Gott ohne dieses Wesensmerkmal die Überwindung von Leid, Übel und Katastrophen gewährleisten kann.[74] Zudem bedeutet der Verzicht auf die Idee eines allmächtigen Gottes einen grundlegenden und zudem auch verfremdenden Metabolismus der Gottesvorstellung im Sinne des biblischen Verständnisses und der christlichen Tradition, was für viele Menschen abstrus erscheint. „Aufgrund des Gewichts dieser Veränderungen erscheint es

---

[71] Vgl. Berger, Klaus, Wie kann Gott Leid und Katastrophen zulassen?, Stuttgart 1996, 194.

[72] Geyer, Carl Friedrich, Das Übel und die Allmacht Gottes, in: Nüchtern, Michael (Hg.), Warum lässt Gott das zu? Kritik der Allmacht Gottes in Religion und Philosophie, Frankfurt am Main 1995, 36-61, hier 47.

[73] Vgl. Kessler, Gott und das Leid seiner Schöpfung 30. – Bischof Karl Lehmann äußerte sich in ähnlicher Weise zu dem Begriff der Allmacht: „Man darf Gottes Allmacht nicht als Steigerung weltlicher Herrschaft denken. ... Gottes Allmacht darf nicht nach dem Muster weltlicher Macht und Herrschaft interpretiert werden, sie meint gerade nicht unbegrenzte Herrschaft und am wenigsten Willkürherrschaft." Lehmann, Karl, „Ein schwieriges Wort". Über die Allmacht Gottes, in: Der Spiegel 26/1992, 44.

[74] Vgl. Kreiner, Gott und das Leid 134. – H. Kochanek formuliert dazu: „Wir können deshalb nicht darauf [= Gottes Allmacht; d. Verf. d. Arbeit] verzichten, weil diese ‚Eigenschaft' zum Wesen Gottes ‚gehört', besser gesagt: das Wesen Gottes *ist*." Kochanek, Hermann, Mit Kindern von Gott reden angesichts von Übel und Leid, in: Faber, Eva-Maria (Hg.), Warum? Der Glaube vor dem Leiden, Freiburg 2003, 83-93, hier 85 – Herv. im Original.

vielen fraglich, ob man die Prozeßtheologie überhaupt noch als Deutung des christlichen Glaubens verstehen kann."[75] Somit ist der aporetische Verstehensversuch der Gläubigen, das Leid in der Welt als unendliches Geheimnis zu realisieren, welches letztlich auf die Unbegreiflichkeit Gottes zu rekurrieren ist, weitaus rationaler, als die Explikationen der Prozesstheologie.[76]

Ergebnis dieser vorbereitenden Überlegungen ist, dass diametrale theologische Positionen bzgl. der Negierung resp. dem Verständnis von Gottes Allmacht existieren. Ein Gesichtspunkt, der bisher noch nicht zur Sprache gekommen ist, gilt der Frage nach der Vereinbarkeit des harmonischen Bildes von Gottes herrlicher Schöpfung und dem darin erfahrbaren Leid.

2.4.2 Das Negative in der Schöpfung

In unserem Credo wird nicht nur die Erschaffung der Welt durch Gott erwähnt, sondern auch die bevorstehende Vollendung dieser Schöpfung. Der von den Kirchenvätern geprägte Begriff „creatio ex nihilo" meint wörtlich übersetzt „Schöpfung aus dem Nichts" und will die phänomenale Einzigartigkeit des göttlichen Schöpfertums betonen. Alles, was ist, verdankt seine Existenz dem Schöpfungswillen Gottes.[77] Durch die Evolutionstheorie entwickelte sich eine neue, die Christen verunsichernde Diskussion, da sie – mit ihrer empirischen Stringenz – möglicherweise den religiösen Glauben an die Schöpfung Gottes hätte ablösen können. Jedoch können sich die beiden verschiedenen Positionen zur Entstehung der Welt „schon deshalb nicht widersprechen, weil sie auf grundverschiedene Fragen antworten: ‚Schöpfung' auf die nach dem Entstehen von Sein überhaupt und ‚Evolution' auf die der Entwicklung des bereits Seienden"[78]. Ferner lässt die Evolutionstheorie die Fragen nach der Entstehung des menschlichen Gewissens und der Entwicklung von Werten und Normen in einer Gesellschaft offen. „Es ist unwahrscheinlich, daß so persönliche und vernunftbegabte Wesen – auch wenn sie nur ein begrenztes Moralgefühl besitzen – ein Nebenprodukt unpersönlicher,

---

[75] Kreiner, Gott und das Leid, 121.

[76] Vgl. Kessler, Gott und das Leid seiner Schöpfung, 39f.

[77] Vgl. Ganoczy, Alexandre, Schöpfungslehre, in: Beinert, Wolfgang (Hg.), Glaubenszugänge. Lehrbuch der katholischen Dogmatik, Band I, Paderborn u. a. 1995, 365-495, hier 366f. – Mit dem Begriff „Nichts" wird betont, dass alles nur durch Gottes Fähigkeit geschaffen wurde. Es ist nicht auf Material oder Substanzen zu beziehen.

[78] Ganoczy, Schöpfungslehre, 367.

gedankenloser Kräfte sind."[79] H. Kessler argumentiert in diesem Zusammenhang, dass der Kosmos allein es nicht vermag, Geschöpfe zu generieren, die dazu befähigt sind, die Natur und das Universum zu reflektieren, um die Totalität der Wirklichkeit bewusst zu erfassen.[80]

Um die Frage nach dem Bösen in Gottes Schöpfung erschließen zu können, ist ein Rückgriff auf den Glauben an Gott den Schöpfer im biblischen Zeugnis notwendig. Es ist hier nicht der Ort, einen umfassenden Überblick über den Schöpfungsglauben im Alten Testament zu geben, jedoch sollen grundlegende Zeugnisse, die für die Erörterung der zentralen Frage erforderlich sind, angeführt werden.

Das Schöpfungslied Genesis 1,1-2,4a der Priesterschrift[81] berichtet über die Entstehung der Lebenswelt der Geschöpfe. Der essenzielle Inhalt dieser Perikope spiegelt sich bereits im ersten Satz wider: „Im Anfang schuf Gott Himmel und Erde" (Gen 1,1). Als Höhepunkt dieser Schöpfungsgeschichte gilt die Erschaffung des Menschen, der als Abbild Gottes für das friedvolle und kooperative Miteinander Sorge tragen soll. Die elementare These des Autors dieser Schrift wird mehrmals rekapituliert: „Gott sah, dass es gut war" (Gen 1,12.18.21.25.), denn „das ist damals" im 6./5. Jahrhundert v. Chr. aufgrund der tyrannischen Zustände „so wenig selbstverständlich, läuft vielen Erfahrungen seiner Adressaten so zuwider, daß er es ausdrücklich und mehrfach sagen muß"[82]. Jedoch blendet der Verfasser die elenden, lebensfeindlichen Seiten der Schöpfung nicht aus: Er erwähnt, dass Gott zwar alles gut bearbeitet hat, aber *nicht alles erzeugt* hat, da die Größen Erde, Wasser und Finsternis – allerdings mit negativen Funktionen – bereits vorhanden waren (Gen 1,2).

In Psalm 104, einem Hymnus auf den Schöpfer, finden sich jedoch latente Anhaltspunkte, dass Gott die lebensbedrohlichen physischen und moralischen Übel als Bestandteile seiner Ordnung selber kreiert hat und diese auch erhält: „Die jungen Löwen brüllen nach Beute, sie verlangen von Gott ihre Nahrung" (Ps 104,21). „Wie abgründig eine solche ‚Ordnung' ist, in der Täter wie Opfer von YHWH erschaffen sind und erhalten werden, zeigt sich

---

[79] Long, James, Warum schweigt Gott? ... wenn wir ihn am nötigsten brauchen, Moers 1997, 44.

[80] Vgl. Kessler, Gott und das Leid seiner Schöpfung, 40.

[81] Der Text Gen 1,1-2,4a entstammt der Priesterschrift und ist um 550-500 v. Chr. entstanden. Gen 2,4b-2,25 gehört zur jahwistischen Quellenschicht. Die jahwistische Schrift ist in vorexilischer Zeit entstanden (etwa 1000-900 v. Chr.).

[82] Gross / Kuschel, „Ich schaffe Finsternis und Unheil", 36.

wiederum im Ijob-Buch[83], weil das Schicksal Ijobs jeder derartigen Ordnungstheologie spottet und Ijob dagegen aufbegehrt."[84] Dennoch nimmt der vom Schicksal hart getroffene Ijob die Offenbarungsreden Gottes positiv auf, obwohl er keine Erklärung für die Kausalität seiner desolaten Situation resp. über den Sinn des Leids in der Welt erhält. Die Sinneswandlung Ijobs liegt darin begründet, dass Gott sein Schweigen bricht und zu Ijob spricht, auch wenn die Gottesreden in unserer heutigen Zeit schwer verständlich erscheinen. „Die sinnvolle Ordnung und die letzte Undurchschaubarkeit der Welt – sie bilden in Gott eine Einheit, Offenbarung und Verborgenheit zugleich. Und die Paradoxie ist es, die Hiob zur Einsicht führt und zu Ergebung und Zustimmung bewegt."[85]

In dem zweiten Makkabäer-Buch wird im siebten Kapitel das Schicksal von sieben Brüdern und ihrer Mutter beschrieben. In einer Rede der Mutter an ihren letzten überlebenden Sohn wird nochmals die „Creatio ex nihilio" betont: „Ich bitte dich, mein Kind, schau dir den Himmel und die Erde an; sieh alles, was es da gibt, und erkenne: Gott hat das aus dem Nichts erschaffen" (2 Makk 7,28). Mittels der Aussage versucht die Mutter, das Vertrauen in die Auferstehung zu akzentuieren und damit die Furcht vor dem Tod und dem qualvollen Leid zu diminuieren. „Sobald das Leben nach dem Tode als das eigentliche Leben gewertet wird, verlieren die Negativa in diesem Leben stark an Bedeutung; es fällt leichter, sich mit der Überzeugung einer göttlichen Ordnung trotz aller Ungerechtigkeit und Lebensfeindlichkeit dieser Welt abzufinden, wenn der Anbruch einer als nur gut bestimmten zukünftigen Welt Gottes außer Zweifel steht."[86]

In Jes 45,5-7 finden sich Aspekte, dass Gott als einziger Schöpfer und Geschichtslenker der Welt auch die negativen und üblen Elemente erschaffen hat. Dies sind oppositäre Aussagen zur Priesterschrift, die die Finsternis als vorgegebene Größe deklariert und nicht als Schöpfungsakt Gottes versteht. Jedoch ist die Ausführung Deuterojesajas keinesfalls als Willkürherrschaft Gottes zu interpretieren. Vielmehr soll dargestellt werden, dass Gottes Macht zum *Guten* unerschöpflich und unbegrenzt ist, da *er selbs*t die negativen

---

[83] Das Buch Ijob ist im 5. bis 3. Jahrhundert v. Chr. in Palästina entstanden. Es enthält Diskussionen und Streitgespräche über die Religion in Anbetracht des Leids in der Welt.

[84] Gross / Kuschel, „Ich schaffe Finsternis und Unheil", 41.

[85] Zahrnt, Heinz, Wie kann Gott das zulassen? Hiob – Der Mensch im Leid, München [4]1988, 56.

[86] Gross / Kuschel, „Ich schaffe Finsternis und Unheil", 43.

Kräfte bewirkt hat. „Weil YHWH alles, sogar die Finsternis und das Unheil erschaffen hat, untersteht ihm alles."[87]

Dieser Einblick in die klassischen Antwortversuche das Alten Testaments hinsichtlich des Übels in Gottes Schöpfung soll an dieser Stelle genügen, da in dem folgenden Kapitel 2.5 dieser Arbeit die biblisch-theologischen Perspektiven der Theodizeefrage detaillierte Berücksichtigung finden. Resümierend halte ich für die weitere Erarbeitung fest, dass Gott nach den Darstellungen der Bibel das Leid nicht verhindert resp. hemmt. K. Berger formuliert dazu: „Die Bibel ist dazu geschrieben, um den Menschen verständlich zu machen: Dieser Gott will das Lebensfeindliche bekämpfen und will Liebe zu seinem Volk und zu jedem einzelnen. Aber zwischen Recht-Haben und Recht-Bekommen liegt Zeit."[88]

2.4.3 Der gnädige und mitleidende Gott

Im folgenden sollen Überlegungen zum Leiden Gottes im Kontext des Theodizeeproblems erörtert werden, um zu realisieren, dass Gott mit der Welt absolut solidarisch ist und an dem Übel seiner Geschöpfe teilnimmt. „Sein [= Gottes; d. Verf. d. Arbeit] Leid um die Welt ist nie das jammernde Mitleiden eines unbeteiligten Zuschauers, sondern der echte Schmerz des unmittelbar Betroffenen, das Leid des Gefährten, der einen Teil der Last mit übernimmt."[89] Es ist evident, dass Gottes Solidarität nicht nur als kollektive Schicksalserfahrung zu definieren ist, sondern als Partizipation am Schicksal der Menschen. Die Passions- und Osterevangelien können somit verstanden werden als aktives Mitleiden und Mitgehen Gottes, das Trost und Zuversicht schenkt.[90]

Im Zentrum des christlichen Glaubens steht das Leiden und der Kreuzestod Jesu Christi, und das damit verbundene Leiden Gottes erscheint im Kontext der Theodizeefrage „nicht mehr – oder zumindest nicht mehr nur oder primär – als stellvertretendes Sühneleiden, sondern als Ausdruck des univer-

---

[87] Gross / Kuschel, „Ich schaffe Finsternis und Unheil", 46.
[88] Berger, Wie kann Gott Leid und Katastrophen zulassen?, 149f.
[89] Gerstenberger / Schrage, Leiden, 85f.
[90] Vgl. Dantine, Wilhelm, Hoffen – Handeln – Leiden. Christliche Lebensperspektiven, Wien 1976, 231f; Müller, Gerhard Ludwig, Christologie – Die Lehre von Jesus dem Christus, in: Beinert, Wolfgang (Hg.), Glaubenszugänge. Lehrbuch der katholischen Dogmatik, Band II, Paderborn u. a. 1995, 3-297, hier 257.

salen Mitleidens Gottes mit seiner leidenden Schöpfung"[91]. In diesem Zusammenhang muss erwähnt werden, dass Gott nicht in der Form leidet, wie seine Geschöpfe. Sein Leiden ist nicht als extern auferlegte Bedingung zu verstehen, der er sich nicht verweigern kann, sondern als freiwillige Entscheidung, für die er sich aus Liebe zu seinen Geschöpfen entschließt. „Gott lässt sich in seiner unbeschränkten Freiheit von Leiden betreffen, er ist bereit, aus freien Stücken den Weg menschlichen Leidens bis zum bitteren Ende zu gehen, er kann leiden, muss es aber nicht."[92]

Die kreuzestheologischen Ansätze diskutieren somit nicht die Frage, *warum* Menschen in Gottes Schöpfung leiden müssen, sondern streben Erklärungsversuche zur Überwindung des Leidens an. Gott hat sich nicht nur am Kreuz solidarisch gezeigt, sondern durch die Auferweckung Jesu Christi auch offenbart, dass der Tod nicht die Kapitulation vor dem Leiden bedeutet, sondern für den Beginn eines neuen Lebens steht. „Kreuz und Auferweckung bilden somit zusammen den Grund einer Hoffnung, die das Leid nicht wie die traditionellen Theodizeen rechtfertigend erklärt, sondern dagegen protestieren und ankämpfen läßt."[93]

Wie kann in diese Überlegungen die Vorstellung von der Allmacht Gottes integriert werden? An dieser Stelle möchte ich mich auf das bereits in Kapitel 2.4.1 erwähnte Verständnis von Gottes Allmacht beziehen, das von einer Reduktion auf profane Insignien seiner Macht abrät. Gott will Heil, Glück, Freiheit und Wahrheit für den Menschen und deshalb muss seine Allmacht als unendliche Liebe und Güte verstanden werden. „Gottes Allmacht ist die Macht seiner Liebe. Der Allmächtige geht in die Ohnmacht eines Menschen ein, der ganz für andere lebt und sich für sie am Ende hinschenkt. Die göttliche Allmacht im Angesicht des Gekreuzigten ist die Macht seiner grenzenlosen Liebe, die in der scheinbaren Ohnmacht des Gekreuzigten ihre eigentliche, geheime Macht enthüllt."[94] Nach diesem Verständnis schließt der Glaube an den mitleidenden Gott den Glauben an jene Allmacht Gottes nicht aus, denn stünde YHWH dem Leiden ohnmächtig gegenüber, könnte er den Leiderfahrenen keine Hoffnung geben.

---

[91] Kreiner, Gott im Leid, 177.

[92] Sauer, Neue Glaubenswege erschließen, 59.

[93] Kreiner, Gott im Leid, 180. – Theologen wie J. B. Metz oder H. Küng sind *keine* Befürworter der These des mitleidenden Gottes.

[94] Sauer, Neue Glaubenswege erschließen, 59. – Ähnlich äußert sich auch Kessler über den grenzenlos gütigen Gott, der mit seinen Geschöpfen leidet. Vgl. Kessler, Gott und das Leid seiner Schöpfung, 48f.

Die Aussage über den mitleidenden Gott steht im Gegensatz zu den Denkmodellen des griechischen Philosophen Aristoteles sowie dem Theologen K. Rahner, die Gott als *leidensunfähig* verstehen. Jedoch lassen sich zahlreiche Schriftstellen in der Bibel finden, die die Leidensfähigkeit Gottes belegen. „Er leidet an der Menschen Untreue und Vergehen (Gen 6,5-7; Jer 11,18-23 u.ö.), und, obzwar voll Zorn über die Abwege seines Volkes, entbrennt er gleichwohl von Mitleid und Erbarmen mit ihm (Hos 11,8f; Jer 31,20; Jes 63,15)."[95]

Eine in diesem Kontext wichtige Diskussion ergibt sich aus einer Konstatierung K. Rahners, die er bzgl. der Effektivität des mitleidenden Gottes äußerte: „Um – einmal primitiv gesagt – aus meinem Dreck und Schlamassel und meiner Verzweiflung herauszukommen, nützt es mir doch nichts, wenn es Gott – um es einmal grob zu sagen – genauso dreckig geht."[96] H.-G. Janßen führt dazu aus, dass ein mitleidender Gott den Menschen, die aufgrund von Leidensgeschichten deprimiert sind, durchaus Trost und Hoffnung zu schenken vermag, aber die vom Schicksal betroffenen resp. drangsalierten Menschen mag diese Feststellung keine effektive Hilfe sein.[97] Prinzipiell wurden auf diese Herausforderungen schon Antworten gefunden, indem wir Gottes Solidarität als *wirkliche* Teilhabe am Leid seiner Geschöpfe verstanden haben und dass diese Partizipation hilft, das Schicksal zu überwinden. „Der Schmerz oder das Leiden Gottes ist heilend und erlösend *nur dann*, wenn Gott das Leid *nicht* nur passiv-ohnmächtig aushält, wenn er es gerade *nicht* in sich verewigt oder gar selbst im Leiden untergeht, ... *sondern* wenn in seiner frei mitleidenden Liebe eine größere Kraft (All-Macht) ist, wenn sie aus noch tieferen ... Potentialen heraus das Leid auch aktiv-real und kreativ zu heilen, zu überwinden vermag."[98]

Rekapitulierend halte ich fest, dass Gottes Leidensfähigkeit mit seinen Geschöpfen transzendental-immanent gedacht werden muss. Wird seine Allmacht und unendliche Liebe als kategorial-gegenständliche und profane Modalität verstanden, bleibt die spezielle Relevanz seiner Mitleidensfähigkeit verschlossen. Nachdem ich in den Ausführungen über Gottes Allmacht, seiner Schöpfung, seiner Güte und seines Mitleids diverse denkbare Möglichkeiten des Verhältnisses zu Gott in unserem Leid skizziert habe, soll im Wei-

---

[95] Kessler, Gott und das Leid seiner Schöpfung, 47.
[96] Rahner, Karl, in: Imhof, Paul / Biallowons, Hubert (Hg.), Im Gespräch, Band I (1964-1977), München 1982, 245.
[97] Vgl. Janßen, Dem Leiden widerstehen, 65.
[98] Kessler, Gott und das Leid seiner Schöpfung 52. – Herv. im Original.

teren der Frage nachgegangen werden, in welchem Zusammenhang die Freiheit des Menschen zu dem moralischen und physischen Übel steht.

2.4.4 Willensfreiheit der Geschöpfe im Kontext des Leids

In unserer Gesellschaft und Wissenschaft gibt es Diskussionen um die Hypothese, dass die menschliche Willensfreiheit lediglich eine Utopie sei und die von uns getroffenen Entscheidungen generell bestimmten Zwängen unterliegen. Sicherlich sind viele unserer Entscheidungen geprägt durch Erziehung, Gesellschaft und Kultur, jedoch könnten die Menschen weder sittlich noch moralisch handeln, wenn sie nicht autonom wären. „Eine Handlung ist nämlich nur dann sittlich belangvoll, wenn sie in Freiheit vollzogen wurde"[99] und der Einzelne Verantwortung für seine Taten übernimmt. Die Negation der These von der menschlichen Willensfreiheit würde unwiderruflich zum Verfall der Moralität führen.[100]

Um Gott für das Leid zu rechtfertigen, wird oftmals der Missbrauch des freien Willens seiner Geschöpfe herangezogen. „Die versuchte Entlastung Gottes wird erkauft mit einer Entmachtung Gottes, er wird zum Nachtwächtergott, der deistische Züge annimmt. Hier wird zu gering von Gott gedacht und dem Menschen zu viel Verantwortung aufgebürdet."[101] Auch die bildhafte Geschichte vom Sündenfall (Gen 3,1-24) wird gelegentlich zitiert, um die von Gott gegebene Freiheit als missglückte Gabe zu bezeichnen, da der Mensch dieses Geschenk nicht zu würdigen weiß und darüber hinaus seine Freiheitsentscheidungen bisweilen zum Unheil führen können. In diesem Zusammenhang sei erwähnt, dass Augustinus die Ursünde von Adam und Eva als vererbbar deklariert hat, weil schon der Geschlechtsakt selber eine Sünde sei und damit jeder Mensch mit Schuld belastet auf die Welt komme. „Das ... ist die theologische Basisformel bei Augustin: Nicht Gott, sondern der Mißbrauch des freien Willens durch die Geschöpfe ist schuld an der Existenz des Bösen, und da dieser Mißbrauch des freien Willens (Ablehnung Gottes) schon zu Beginn des Menschengeschlechtes erfolgt, ist das Böse von Anfang an in der Welt."[102] Die Relation zwischen Willensfreiheit und Sünde sowie das daraus folgende Verständnis der Leiderfahrungen als Strafe Gottes wird in Kapitel 3.3.2 unter religionspädagogischen Aspekten eruiert.

---

[99] Kreiner, Gott und das Leid, 139.
[100] Vgl. zum Ganzen: Kreiner, Gott und das Leid, 137-143.
[101] Sauer, Ralph, Kinder fragen nach dem Leid, 76.
[102] Gross / Kuschel, „Ich schaffe Finsternis und Unheil", 75.

Auf die Frage, ob es denn sinnvoller gewesen wäre, den Geschöpfen keine Möglichkeiten der freiheitlichen Entscheidungen zu gewähren, antwortet J. B. Brantschen: „Die Freiheit ist der Preis der Liebe. ... Weil Gott die Liebe will, will er die Freiheit, auch wenn in der Freiheit die *Möglichkeit* steckt, sie zu mißbrauchen und so einander Leid zuzufügen."[103] Eine weitere Überlegung schließt sich an: Gott könnte doch unsere Freiheit zumindest einschränken, indem er als pragmatischer Geschichtsschreiber in die reale Unversöhntheit der Welt eingreift. Jedoch wird Gott seine Macht, die eher transzendental als irdisch gedacht werden muss, in dieser Weise nicht einsetzen, da er unsere Freiheit achtet und uns Vertrauen entgegenbringt.[104] Darüber hinaus wird der mögliche Missbrauch der Freiheit durch die Menschen mittels des grenzenlosen Werts der Willensfreiheit verteidigt.[105] „Wenn er der Urgrund (Schöpfer) der Welt ist und damit diese Übel hinnimmt, dann bewertet er offenbar die innere Autonomie und Freiheit als Ergebnis der Evolution höher als diese Übel. Dann sind ihm Geschöpfe, die Lust und Leid empfinden, ja die in Freiheit die anderen Geschöpfe und ihn selbst *lieben können*, ein unschätzbar hohes Gut, ja alles wert."[106] Sind diese Antworten adäquat, um von großem Leid betroffene Menschen in ihrer Melancholie zu trösten? Kann die Hinnahme der martialischen Qualen in den Kriegen gerechtfertigt werden durch den Wert der Willensfreiheit? Die verschiedenen Darlegungen vermögen diese Fragen nicht hinreichend zu beantworten, jedoch weise ich an dieser Stelle nochmals auf die Aussage Rahners hin, der die Unbegreiflichkeit des Leids als Teil der Unbegreiflichkeit Gottes definierte.[107] „Wer jetzt schon davon überzeugt ist, dass der Gott Jesu Christi wirklich ist, der wird auch davon ausgehen, dass Gott ‚entweder die von uns vermuteten Gründe (hat), Übel zuzulassen, oder – was wahrscheinlicher ist – bessere Gründe, als wir uns vorstellen können'."[108]

Die unter Punkt 2.4 recherchierten und gesicherten Erträge sollen bei der Erörterung der biblisch-theologischen Perspektiven zur Unterstützung der systematischen und folgerichtigen Exegese dienen.

---

[103] Brantschen, Johannes, B., Warum lässt der gute Gott uns leiden?, Freiburg u. a. ²1986, 44. – Herv. im Original.

[104] Vgl. Brantschen, Warum lässt der gute Gott uns leiden?, 54.

[105] Vgl. Kreiner, Gott und das Leid, 144.

[106] Kessler, Gott und das Leid seiner Schöpfung, 44.

[107] Vgl. Rahner, Warum laßt Gott uns leiden?, 463.

[108] Kessler, Gott und das Leid seiner Schöpfung, 47.

2.5 Biblisch-theologische Perspektiven

2.5.1 Ijob – Symbol für den leidgeprüften Menschen

Das Buch Ijob stellt die Geschichte eines Menschen dar, der am Anfang der Erzählung vom Glück gesegnet war: Als vermögender Aristokrat mit sieben Söhnen und drei Töchtern[109] genoss er ein gebührendes Ansehen in seiner ganzen Umgebung und war darüber hinaus streng gottesgläubig.[110] Die Geschichte ändert sich, als der Satan gegenüber Gott den Verdacht äußert, Hiobs Gottesfürchtigkeit diene einzig und allein dem Interesse, geschäftliche Vorteile zu nutzen.[111] „Der Satan antwortete dem Herrn und sagte: Geschieht es ohne Grund, daß Ijob Gott fürchtet?" (Ijob 1,9). Und so verliert Ijob trotz Einhaltung der Gesetze der Tora seinen gesamten materiellen Besitz, seine Familie und seine Gesundheit. „Aus dem Bewußtsein seiner eigenen Rechtschaffenheit wagt Ijob es, Gott des Vertragsbruchs zu bezichtigen und ihn in Gegenwart von drei Freunden, die gekommen sind, ihn zu trösten, aufzufordern, sich seiner Anklage zu stellen."[112]

In der ersten Jahwe-Rede des Buches Ijob (38,1-40,2) spricht Gott aus einem Sturmwind zu Ijob und stellt sich damit den provozierenden Anklagen aus Ijob 31. Gott führt Ijob seine Schöpfermacht vor und betont, dass trotz der existenten chaotischen Mächte die Welt aus einer klaren Ordnung resp. Struktur bestehe. Eben diese Weltordnung wird durch Gott erhalten und ist

---

[109] Den genannten Zahlen kommt eine besondere Bedeutung zu: Die Zahl „Drei" steht für Vollkommenheit und Heiligkeit, die Zahl „Sieben" gilt als Symbol für Totalität, Fülle und Vollständigkeit. Damit wird das große Glück Ijobs nochmals akzentuiert.

[110] Der Entstehungszeitraum des Buches ist aufgrund des gesellschaftlichen Hintergrunds in die Zeit des Nehemia einzuordnen (ca. 440 v. Chr.). Es besteht aus einer Rahmenerzählung (Ijob 1,1-2,12 sowie Ijob 42,10-17) und einer ästhetisch eingefügten Prosaform. „Das Buch war Literatur der gebildeten Oberschicht Israels. ... Es gehört in den Kontext der Weisheitsliteratur und nimmt mit der Frage nach dem ‚leidenden Gerechten' eine Problemstellung auf, die im Alten Orient schon eine längere Tradition hatte. ... Sie [= Gestalt des Ijob; d. Verf. d. Arbeit] repräsentiert Erfahrungen begüterter Kreise Judas, die sich ökonomischen und privaten, in ihrem Zusammenfall auch von religiösen Krisen irritiert fühlten." Halbfas, Hubertus, Die Bibel / erschlossen und kommentiert von Hubertus Halbfas, Düsseldorf 2001, 306.

[111] Vgl. Zahrnt, Wie kann Gott das zulassen?, 19-22.

[112] Halbfas, Die Bibel, 305. – Vgl. dazu auch Ijob 3,1-42,6.

die fundamentale Bedingung des irdischen Lebens.[113] In einer zweiten Rede (Ijob 40,6-41,26) präsentiert sich Gott als Herrscher über die Mächte des Bösen (Behemot und Leviatan), die zwar in einer eigenen Sphäre existieren, aber von Gott kontrolliert und begrenzt werden. „Er [= Ijob; d. Verf. d. Arbeit] erkennt die Größe der Schöpfung an" und „akzeptiert ..., daß es neben Jahwe noch Chaos-Mächte gibt, Gott also nicht der absolute Kontrolleur aller wirkenden Kräfte ist."[114] Darüber hinaus erfährt Ijob im Epilog von Jahwe die Bestätigung, dass er auf dem richtigen Weg sei, seine Freunde, die theologischen Tröster, jedoch Unrecht getan haben, da sie inadäquat von ihm geredet haben (Ijob 42,7-8). In der Schluss-Szene (Ijob 42,10-16) wird das Glück Ijobs durch Gott erneuert resp. verdoppelt und Ijob erhält seine irdischen Besitztümer zurück. „Der gute Ausgang der Sache bestätigt, daß Hiob sich nicht von Gott lossagte und somit die Prüfung bestand."[115]

Die Gottesreden im Buche Ijob sind Teilantworten, die im Hinblick auf die Beantwortung der Fragen Ijobs nicht ausreichen. Dennoch bleibt Ijob Gott treu, weil bereits die erfahrene Zuwendung Gottes auf seine Klagen Entlastung verschafft. „Wenn wir sicher sind, daß Gott sich uns voll zuwendet – wenn wir sicher sind, daß wir *Gott* haben –, sind Antworten auf unsere Fragen, so scheint es, plötzlich von zweitrangiger Bedeutung."[116] Auch wenn J. Long die Jahwe-Reden nur als Teilantworten deklariert, schenken sie doch Hoffnung, dass die Schöpfung auch *mit* den Erfahrungen von entsetzlichen Leiden von Gott gestützt und gehalten wird. Die Person des Ijob stellt sich in der auferlegten Prüfung gegensätzlich dar: Er nimmt sein Leid auf der einen Seite demütig hin (Ijob 1,21) und präsentiert sich demgegenüber als energischer Insurgent, der von Gott die Antwort auf sein Leid einfordert (Ijob 3-37). „Darin ist Hiob in der ganzen Weltliteratur wohl einzigartig: Der Spannungsbogen zwischen geduldigem Ertragen von Leid und dem leidenschaftlichen Protest gegen dieses Leid wird *nicht* aufgelöst, weder literarisch noch psychologisch, noch theologisch."[117] Es wäre eine Illusion, das Buch Ijob als

---

[113] Vgl. Haas, Siegfried / Dieter, Julia, Warum gerade ich? Die Hiob-Geschichte, Mühlheim an der Ruhr 2004, 12f.; Halbfas, Die Bibel, 313.

[114] Halbfas, Die Bibel, 314.

[115] Sölle, Leiden, 141.

[116] Long, Warum schweigt Gott?, 17. – Herv. im Original.

[117] Langenhorst, Georg, „Zuviel warum gefragt". Die Hiobsgestalt bei jüdischen Dichtern unserer Zeit, in: Fuchs, Gotthard (Hg.), Angesichts des Leids an Gott glauben? Zur Theologie der Klage, Frankfurt am Main 1996, 187-226, hier 191. – Herv. im Original.

universelle Lösung für die Leidensgeschichte der Menschheit zu verstehen. Das Durchhalten resp. Bestehen eines unbegreiflichen Schicksals im Vertrauen auf Gott einschließlich berechtigter Zweifel und Anklagen ist die Hauptintention des Buches Ijob.[118]

Ferner muss an dieser Stelle nochmals akzentuiert werden, dass Gott die Klagen Ijobs nicht, wie man etwa erwarten könnte, bestraft resp. kritisiert, sondern bestätigt. Der einzige Tadel ist der Verweis Gottes, dass Ijob nicht in der Lage sei, die unbegrenzten Möglichkeiten des Schöpfers zu durchschauen (Ijob 38,2). „Diese Antwort Gottes scheint mir eine *erste*, wenn auch vorläufige Antwort auf die Frage nach dem Leiden zu sein: Auch wenn unser Warum oft unbeantwortet bleibt wie bei Ijob, dürfen wir trotzdem Gott vertrauen, denn seine Möglichkeiten sind nicht unsere Möglichkeiten. Das letzte Wort ist noch nicht gesprochen."[119]

Für unseren Zusammenhang ist diese Darstellung der zentralen Erkenntnisschwerpunkte des Buches Ijob ausreichend. Ein Aspekt, der bislang nur fragmentarisch erörtert wurde, ist die Form der Klage als Weg der Befreiung aus der Not. Diese Perspektive soll im Folgenden spezifiziert werden.

2.5.2 Die Wirksamkeit der biblischen Klage

In dem Buch der Psalmen findet sich eine differenzierte und vielstimmige Antwort der Gemeinschaft Israels auf die Heilstaten unseres Schöpfers. Dominiert im ersten Teil des Psalmenbuches (Ps 3-89) die Klage als Ausdruck für das Leiden des Beters, schließt sich im darauf folgenden Teil (Ps 90-145) der Lobpreis an.[120] Klagegebete sind darüber hinaus bei Ijob, im Buch der Klagelieder sowie in den Prophetenbüchern zu lesen. „Die Sprache dieser Gottesmystik ist nicht in erster Linie trostreiche Antwort auf das erfahrene

---

[118] Vgl. Langenhorst, „Zuviel warum gefragt", 192.

[119] Brantschen, Warum lässt der gute Gott uns leiden?, 42. – Herv. im Original.

[120] Vgl. Rendtorff, Rolf, Theologie des Alten Testament, Band 1: Kanonische Grundlegung, Neukirchen-Vluyn 1999, 293f.; Zenger, Erich, Das Buch der Psalmen, in: ders. (u. a.), Einleitung in das Alte Testament, Stuttgart u. a. ^{4}2001, 309-326, hier 310-314. – Ergänzend sei darauf hingewiesen, dass Ps 1-2 sowie Ps 149-150 als Rahmenpsalmen bezeichnet werden. Ferner kann eine Strukturierung des Werkes in fünf Bücher aufgezeigt werden. „Am Abschluß der ersten vier Bücher (Ps 1-41; 42-72; 73-89; 90-106) steht jeweils eine kurze Doxologie, ein Lobpreis Gottes, dem ein respondierendes ‚amen' folgt; das fünfte Buch (Ps 107-150) endet mit einer ganzen Reihe von Halleluja-Psalmen (146-150, eingeleitet durch 145,21)." Rendtorff, Theologie des Alten Testaments, 295.

Leid, sondern eher leidenschaftliche Rückfrage aus dem Leid, eine Rückfrage an Gott, voll gespannter Erwartung."[121]

Als bedeutsame Gebetsform des Alten Testaments darf die Klage nicht mit den Begrifflichkeiten der heutigen Zeit wie z.B. Lamentieren oder Jammern gleichgesetzt verwendet werden, denn dann würde die Lebensweisheit „Lerne leiden, ohne zu klagen" durchaus zutreffen.[122] Der Hintergrund dieser Lebensregel ergibt sich aus der folgenden Annahme christlicher Frömmigkeit: Mit dem Inhalt des Glaubensbekenntnisses wird zum Ausdruck gebracht, dass Gott uns in seinem Sohn alles geschenkt hat, was er nur vermag. Damit verbietet es sich, an diesem großartigen Geschenk zu zweifeln. Durch das Klagegebet würde der Beter somit an der Vollendung von Gottes Reich zweifeln. Jedoch wird in diesem Konstrukt nur die Perspektive von der Schenkung Gottes berücksichtigt. Der andere Aspekt, dass Gottes Reich zwar schon begonnen hat, aber noch nicht aufgeblüht ist, gerät dabei in Vergessenheit. Erst wenn die Spanne zwischen „Schon" und „Noch nicht" aufgelöst ist, verbietet sich die Klage. Damit ist die Klage nicht nur ein legitimes, sondern auch unerlässliches Mittel, um in Schicksalssituationen an Gott festzuhalten.[123] Noch emphatischer hat O. Fuchs auf die Notwendigkeit des Klagegebets hingewiesen: „Alle Anerkennung katastrophaler Realität, die nicht durch die Klage geht, ist lebenstötend und unverantwortlich. Eine Gottesbeziehung, in der keine Konfliktgespräche möglich sind, ist seicht und lebensfern: Klageabstinenz bedeutet Beziehungs- und Lebensverlust."[124] In der Klage nimmt der Mensch die Spannung zwischen der Grundposition, dass Gott die Welt gut geschaffen hat und den oppositären negativen Erfahrungen in der Schöpfung wahr und spricht sie aus.[125] Da die Schöpfung nur in völliger Abhängigkeit von Gott bestehen kann, bezieht sich die Klage auf

---

[121] Metz, Johann Baptist, Theodizeeempfindliche Gottesrede, in: ders. (Hg.), Landschaft aus Schreien. Zur Dramatik der Theodizeefrage, Mainz 1995, 81-102, hier 100.

[122] Vgl. Dohmen, Christoph, Wozu, Gott? Biblische Klage gegen die Warum-Frage im Leid, in: Steins, Georg (Hg.), Schweigen wäre gotteslästerlich. Die heilende Kraft der Klage, Würzburg 2000, 113-125, hier 114f.

[123] Vgl. Steins, Klagen ist Gold!, 10f.

[124] Fuchs, Ottmar, Die Klage als Gebet. Eine theologische Besinnung am Beispiel des Psalms 22, München 1982, 359.

[125] Vgl. Beirer, Georg, Die heilende Kraft der Klage, in: Steins, Georg (Hg.), Schweigen wäre gotteslästerlich. Die heilende Kraft der Klage, Würzburg 2000, 16-41, hier 17f.

diese Dependenz und macht den Schöpfer darauf aufmerksam, dass es *seine* Schöpfung ist, in der Menschen leiden. Die Klage als gerichtete Äußerung an Gott wendet damit Erfahrung des Negativen um und erwartet dabei keine Erklärungen, sondern eine *Modifikation* der Wirklichkeit.[126] Damit wird der Zukunftsgedanke der Klage pointiert, denn die Suche nach Gründen für das Leiden in der Vergangenheit ist irrelevant. „Das Klagegebet, das an Gott die Frage nach dem Wozu des Leidens richtet, durchbricht den Teufelskreis, der immer dann entsteht, wenn Menschen angesichts der Leiden anderer nach dem Grund dieses Leidens fragen; denn die Suche nach den Ursachen des Leidens führt nicht zu Formen des *Mitleids*, sondern verstärkt und vergrößert das Leid nur noch, wie Ijobs Auseinandersetzung mit seinen Freunden nachdrücklich zeigt."[127]

Die elementaren Aspekte der Klage lässt sich in folgenden drei Thesen zusammenfassen:

1. Die Klage ist Ausdruck von Ungeduld und Protest, nicht mehr länger auf Veränderungen warten zu können.
2. Der Beter erinnert Gott in der Klage an seine guten Absichten für die Welt. Die Klage ist ein Appell an die Vatergüte Gottes.
3. In der Klage fordert der Beter von Gott eine Klärung der Situation.

Daraus folgernd leitet sich die Konstatierung ab, dass der Klagende eben *nicht* an Gottes Güte zweifelt. „In der Klage erinnern die Menschen die guten Erfahrungen der Gegenwart Gottes und ziehen zugleich Hoffung für die Zukunft und die bedrängende Gegenwart."[128] Der Beter gibt sich *nicht* damit zufrieden, wenn die Grenzen menschlichen Handelns erreicht sind. Dahinter verbirgt sich ein enormer Veränderungswille und ist gleichzeitig Ausdruck dafür, dass für die Welt noch etwas zu hoffen ist. „Denn wer angesichts des vielfältigen Leids nicht klagt, diese Not nicht vor Gott zur Sprache bringt, der hat kein Vertrauen mehr in diesen selben Gott, dass er das Leid wenden könnte."[129]

---

[126] Vgl. Beirer, Die heilende Kraft der Klage, 20f.
[127] Dohmen, Wozu, Gott? 120. – Herv. im Original.
[128] Leßmann, Beate, Psalmen – Worte aus uralter Zeit im 3. Jahrtausend?! Religionspädagogische Grundlegung, in: ders. (Hg.), Mein Gott, mein Gott .... Mit Psalmworten biblische Themen erschließen, Neukirchen-Vluyn 2002, 3-19, hier 14.
[129] Hieke, Thomas, Schweigen wäre gotteslästerlich. Klagegebete – Auswege aus dem verzweifelten Verstummen, in: Steins, Georg (Hg.), Schweigen wäre gotteslästerlich. Die heilende Kraft der Klage, Würzburg 2000, 45-68, hier 58.

Nach dieser skizzenhaften Darstellung des klagend-anklagenden Betens in Form der Klage und ihrem hilfreichen Einsatz für Menschen in Not soll im Folgenden der Weg Jesu Christi als Zeichen des Sieges über die Mächte des Dunklen und des Bösen nachgezeichnet werden.

2.5.3 Jesu Leiden

In der christlichen Tradition wird die Deutung des menschlichen Leidens im Kontext der Passion Jesu vorgenommen. Doch hat Jesus nicht nur gegen sein eigenes Leid den Kampf aufgenommen, sondern die Menschen „motiviert, ermutigt und befähigt ... dem Leid und den scheinbar ausweglosen Schwierigkeiten selbst entgegenzutreten"[130]. Damit bewegte Jesus die Menschen, aus ihrer Passivität den unbequemeren Weg des Widerstands gegen ihr Schicksal zu beschreiben, wie zahlreiche Stellen in der Bibel belegen.[131] Es stellt sich jedoch die Frage, warum Gott seinen Sohn leiden ließ? War es Gottes Wille, dass Jesus leiden *musste*? Die Antwort, dass es sich um die Erfüllung seines Planes resp. der Schrift handelt, ist insuffizient. „Es geht nicht um ‚subjektive', eigene Pläne Gottes, nicht um das, was er will, sondern um das, was ganz schlicht ‚sein wird'. Ein Wort oder eine Bezeichnung für Gottes ‚Plan' kennt die Bibel nicht."[132] In Mk 14,36 betet Jesus: „Aber nicht, was ich will, sondern was du willst (soll geschehen)". Selbst *wenn* es Gottes Wille war, dass Jesus am Kreuz gelitten hat und gestorben ist, bekundet der Menschensohn mit diesen Worten, dass er dennoch an seinem Vater festhält, ihm absolutes Vertrauen schenkt.

Die vier Evangelisten verstehen das Leiden und Sterben Jesu Christi als Gottes Willen, um damit zu ergründen, ob Jesus wirklich der von dem Schöpfer Gesandte war. „Daß er in der Todesstunde nicht handelt und sich nicht rettet, gibt Gott die Gelegenheit, ihn in der Auferstehung zu bestätigen. Denn auferwecken kann nur Gott."[133] Kann die Gotteserfahrung Jesu Christi Hoffnung und Trost schenken für die vom Schicksal getroffenen Menschen? J. B. Metz steht einer positiven Antwort dieser Frage zwar skeptisch gegenüber, sieht jedoch in der biblisch überlieferten Gotteserfahrung eine „Mystik

---

[130] Nocke, Franz-Josef, Evangelium und Passion, in: Niehl, Franz W. / Nocke, Franz-Josef (Hg.), Die Frage nach dem Leiden. Materialien für den Religionsunterricht, Paderborn 1983, 28-31, hier 29.

[131] Vgl. Mk 2,11; Lk 7,14; Joh 11,43.

[132] Berger, Wie kann Gott Leid und Katastrophen zulassen?, 132.

[133] Berger, Wie kann Gott Leid und Katastrophen zulassen?, 141.

der offenen Augen, sie ist keine selbstbezügliche Wahrnehmung, sondern gesteigerte Wahrnehmung fremden Leids"[134], die dazu dienen sollte, den nicht erst seit Auschwitz anhaltenden Untergang der Moral aufzuhalten. In einer anderen Art beantwortet K.-H. Menke die Frage, wie Jesu Leiden, Tod und Auferstehung als Trost für kranke und hoffnungslose Menschen hilfreich sein kann: „Wer seinerseits Jesus Christus, den endgültig und unwiderruflich mit Gott verbundenen Menschen, in sein eigenes Leben, gerade auch in seine Schwäche und Dunkelheit, in die Abgründe des Zweifelns und der Angst, hineinläßt, der erfährt – vielleicht nur im geängstigten Ringen einer Ölbergnacht –, daß es einen alle Sinnlosigkeit unterfassenden Sinn gibt."[135] Diese Aussage belegt und verdeutlicht er mit Berichten über Menschen, die in Situationen von unheilbaren Krankheiten mithilfe des Kreuzes ihre Last von *innen heraus* besiegt haben.[136] Jesus Christus ist somit nicht zu den Menschen gekommen, um Erklärungen für das Leid zu bringen, sondern um zu helfen, im Leid zu bestehen. „Was an Jesus geschah, ist auch uns verheißen: auch wir sollen mit einem neuen, vollendeten Leben erfüllt werden."[137] Mit den Passionserzählungen werden ergo keine vorgefertigten Antworten für den Umgang mit dem Leid gegeben, sondern Deutungsmuster aufgezeigt, die je nach eigener Glaubensüberzeugung anerkannt und gelebt werden können. Die Texte laden dazu ein, immer wieder neue Fragen an sie zu richten, um damit die eigene Situation zu bestehen. „Es ist jedoch unmöglich, mit Antworten, die in einem vergangenen Weltbild ihre Gültigkeit besaßen, Fragen der Menschen der Moderne zu beantworten. ... Texte informieren nicht einfach über Entitäten und objektive Sachverhalte. Ihr Wahrheitsgehalt ist an bestimmte Präsuppositionen gebunden. Ihre Wirkung entfalten sie im *kommunikativen Geschehen*."[138] Jesus als das Licht der Welt wirkt hoffnungsgebend für viele Menschen, besonders in der heutigen Zeit, die geprägt ist von

---

[134] Metz, Theodizeeempfindliche Gottesrede, 100f.

[135] Menke, Karl-Heinz, Der Gott, der jetzt schon Zukunft schenkt. Plädoyer für einen christologische Theodizee, in: Wagner, Harald (Hg.), Mit Gott streiten. Neue Zugänge zum Theodizee-Problem, Quaestiones disputatae 169, Freiburg im Breisgau u. a. 1998, 90-130, hier 115.

[136] Vgl. Menke, Der Gott, der jetzt schon Zukunft schenkt, 116-119.

[137] Sauer, Ralph, Junge Christen fragen nach dem Glauben, Mainz 1983, 119.

[138] Dillmann, Rainer, Durch Leiden Gehorsam lernen? Zur Frage nach einem guten Gott und dem Bösen in der Welt aus neutestamentlicher Sicht, in: Fuchs, Gotthard (Hg.), Angesichts des Leids an Gott glauben? Zur Theologie der Klage, Frankfurt am Main 1996, 119-147, hier 123. – Herv. d. Verf. d. Arbeit.

Bedrohung, Hass und Habgier. Indem wir unseren Lebenswandel nach Jesus Christus ausrichten, können wir „an der Verwirklichung des Friedensprogrammes Christi für diese Welt"[139] mithelfen und im Vertrauen auf Gott das Leben anderer durch solidarisches und emphatisches Leiden verändern.

Mit dieser Diskussion um die Tradition der biblischen Theodizeefrage im Hinblick auf Jesu Leiden soll nicht nur der Abschnitt über die biblisch-theologischen Perspektiven abgeschlossen werden. Sie ist gleichzeitig als Ausklang für die bisherigen Ausführungen des gesamten zweiten Kapitels gedacht. Ein Zitat von K.-J. Kuschel / W. Gross pointiert die innere Kohärenz der verschiedenen Perspektiven: „Angesichts des Übels hat deshalb die Theologie die Aufgabe, die Erfahrungen des Übels coram Deo artikulierbar zu machen, die Anfechtungen Gott nicht zu verschweigen, Protest wie Klage nicht zu verinnerlichen oder zu beschwichtigen, sondern auszusprechen, Gott in die Verantwortung zu nehmen, selbstkritisch die eigene Verantwortung einzugestehen, und dies alles in der – letztlich – ungebrochenen Hoffnung, daß, wenn überhaupt, Gott selbst sich an ‚seinem' Tag angesichts aller Übel rechtfertigen wird."[140] Mit Bedacht auf die Zielsetzung dieser Arbeit erscheint es mir opportun, nicht detaillierter auf die theologischen Grundlagen der Theodizeeproblematik einzugehen und den vorangegangenen Überblick als Basis für die folgenden Diskussionen zu nutzen.

---

[139] Untergaßmair, Franz Georg, Leiden, Tod und Auferstehung. Eine exegetisch-homiletische Handreichung, Münster 2005, 205.
[140] Gross / Kuschel, „Ich schaffe Finsternis und Unheil", 213.

3 Vom Leiden der Kinder

3.1 Die Ängste und Nöte der Kinder

Kinder bringen immer eine Leiderfahrung mit, da sie bereits zahlreiche Stunden ihrer jungen Lebenszeit leidend verbracht haben. Zu Beginn seines Lebens verspürt ein Säugling Hunger und Kälte. Da er noch nicht weiß, dass jemand kommt, um seinen Hunger zu stillen und ihm Zuneigung zu schenken, schmerzt die Einsamkeit zunächst in doppelter Hinsicht. Manche Kinder bekommen durch diese Leiderfahrungen die Möglichkeit, ein Urvertrauen zu entwickeln. Andere Kinder hingegen werden diese Erfahrung, dass immer ein Mensch für sie da ist, nicht machen können.[141] Neben den physischen Leiderfahrungen der Kinder, wie bspw. körperliche Behinderungen oder schmerzhafte Erkrankungen, vermehren sich in unserer heutigen Zeit die psychischen Belastungen, wie Mobbing, Scheidung der Eltern, Schulprobleme usw., unter denen das Kind noch stärker leidet.[142] Jedoch erfahren Kinder nicht immer nur in dramatischen und einschneidenden Erlebnissen Kummer. „Gerade das kleine Leid des Alltags vermittelt dem Kind eine Fülle von Leiderfahrungen. ... So vielseitig der Alltag verläuft, so mannigfaltig können auch die Anlässe für Alltagsleid sein. Eine ganze Litanei wäre anzuführen, das Wichtigste hierbei ist, daß kindlicher Schmerz angemessen *ernstgenommen* wird."[143] Für Kinder im Kindergarten- und Vorschulalter können z. B. das frühe morgendliche Aufstehen im Zusammenhang mit dem Waschen des Körpers, Diskussionen um die angemessene Kleidung in der jeweiligen Jahreszeit, das Fehlen von bestimmten bevorzugten Nahrungsmitteln zum Frühstück, das abendliche Zubettgehen usw. zum Leidauslöser erhoben werden. Diese Leiderfahrungen stehen im Spannungsfeld zwischen den eigenen Wünschen resp. Bedürfnissen, sowie Grenzsetzungen und Verzicht. Auf einer ganz anderen Ebene erscheinen die Schicksale von Kindern, die in dem UNICEF-Jahresbericht „Zur Situation der Kinder in der Welt 2005" dokumentiert werden: „Schätzungsweise 90 Millionen Kinder unter fünf Jahren sind stark mangelernährt. ... Rund 270 Millionen Kinder haben keinerlei Zugang zu Gesundheitsfürsorge. ... Mehr als 121 Millionen Kinder im Grundschulalter gehen nicht zur Schule. ... Seit 1990 wurden 1,6 Millio-

---

[141] Vgl. DuBois, Reinmar, Kinderängste. Erkennen – verstehen – helfen, München ²1996, 61f.

[142] Vgl. Sauer, Kinder fragen nach dem Leid, 16.

[143] Friebel, Hans-Dieter, Wenn Kinder traurig sind. Vom Umgang mit kindlichem Leid, München 1982, 33. – Herv. d. Verf. d. Arbeit.

nen Kinder bei kriegerischen Auseinandersetzungen getötet. ... 15 Millionen Kinder haben einen oder beide Elternteile durch AIDS verloren."[144] Die Enumeration zeigt, dass diese Kinder dem Übel schutzlos ausgeliefert sind und die Formen von Willkür, Missbrauch und Gewalt zum Alltag gehören. Besonders die Kinder und Jugendlichen, die in der massiven Armut der Entwicklungsländer aufwachsen, sind von den genannten Fakten betroffen. Jedoch zeigt die Studie auch, dass Kinder in wohlhabenden Ländern, wie z.B. in Teilen der OECD-Staaten[145], in relativer Armut leben. Über „eine Million Jungen und Mädchen" sind in Deutschland von der Sozialhilfe abhängig und „viele von ihnen haben häufiger Schulprobleme als andere Kinder und schlechtere Chancen auf eine qualifizierte Ausbildung"[146]. Diese Beeinträchtigung, die neben der materiellen Armut oftmals auch die soziale Isolation mit sich bringt, muss als reales Kinderleid verstanden werden. Darüber hinaus sorgen Fälle von psychischen, physischen und sexuellen Misshandlungen für Schäden, die im weiteren Lebenslauf des Kindes kaum reversibel sind.[147]

Dieser kurze Überblick soll dazu dienen, das Ausmaß und die verschiedenen Erscheinungsformen von sinnlosem Leid und Schicksal in der veränderten Kindheit zu skizzieren. Um adäquat auf das Fragebedürfnis der Kinder reagieren zu können, bedarf es einer detaillierten Analyse der tendenziellen Herausforderungen heutiger Kindheit, die zu Angst, Sorge und Leid führen. Kindheit ist „in einen sozialen Kontext eingebunden und hat Teil an den gesellschaftlichen Veränderungen, die sich in unserer Zeit dramatisch gestalten. ... An diesen Veränderungen kann auch eine religiöse Erziehung nicht achtlos vorübergehen."[148] Im Folgenden werden zunächst die elementaren Formen des persönlichen Leids von Kindern Berücksichtigung finden.

---

[144] Deutsches Komitee für UNICEF (Hg.), Zur Situation der Kinder in der Welt 2005. Bedrohte Kindheit. Zusammenfassung, im Internet: <http://www.unicef.de/fileadmin/content_media/mediathek/I_0093_SOWCR_2005.pdf>, Aufruf 2005-08-24, 1.

[145] Lt. UNICEF-Studie ist in elf von fünfzehn OECD-Staaten „der Anteil der Kinder in Familien mit weniger als der Hälfte des Durchschnitteinkommens im vergangenen Jahrzehnt beachtlich gestiegen. Zu Anfang dieses Jahrhunderts lag nur in Finnland, Norwegen und Schweden der Anteil der Kinder in relativer Armut unter fünf Prozent." Deutsches Komitee für UNICEF, Zur Situation der Kinder in der Welt 2005, 4.

[146] Deutsches Komitee für UNICEF, Zur Situation der Kinder in der Welt 2005, 4.

[147] Vgl. Sauer, Kinder fragen nach dem Leid, 16.

[148] Sauer, Neue Glaubenswege erschließen, 66.

3.1.1 Kinderarmut

Wie die UNICEF-Studie „Zur Situation der Kinder in der Welt 2005" explizit darstellt, lebt in Deutschland jedes zehnte Kind in relativer Armut. Wenn die heutige Tageszeitung in einem Artikel auflistet, wie teuer die von den Schulen vorgeschriebenen Utensilien für die in dieser Woche einzuschulenden Erstklässler sind, wird das Problem der Kinderarmut transparent. Der Gesamtbetrag für diese Erstausstattung beläuft sich auf ca. 200,-- €![149] Wie soll eine mehrköpfige Familie, deren Haupteinnahme ausschließlich auf Sozialhilfe beschränkt ist, ihrem Kind einen angemessenen Start in die Schulgemeinschaft ermöglichen? Wird mit den Vorgaben der Schulen der Weg geebnet für eine soziale Isolation und Degradierung der Kinder, dessen Eltern oftmals unverschuldet arbeitslos geworden, allein erziehend oder als Migranten nach Deutschland gekommen sind? Die Studie der Arbeiterwohlfahrt (AWO) „Armut im frühen Grundschulalter" aus dem Jahr 2003 legt dar: „Arme Kinder im frühen Grundschulalter nehmen ihre Situation – anders als im Vorschulalter – deutlich wahr. Sie nehmen ihre belastendere Situation zuerst anhand der schlechteren materiellen Möglichkeiten (z.B. kein Besuch des Schwimmbads oder Kinos, keine Geburtstagsfeiern) und der Wohnsituation wahr (z.b. keine Spielmöglichkeiten zu Hause und damit auch keine Besuche von anderen Kindern, schlechtere Ausstattung der Wohnung, kein eigenes Zimmer). Sie nehmen eine geringere Zuwendung der Eltern wahr."[150] Besonders Kinder allein erziehender Mütter sowie Schüler mit Migrationshintergrund sind von diesen fatalen Umständen betroffen. Nicht nur die schulischen Leistungen werden von diesen Faktoren negativ beeinflusst, sondern auch die psychischen, motorischen und sozialen Entwicklungsmöglichkeiten.[151]

---

[149] Vgl. Oldenburgische Volkszeitung vom 25. August 2005, Schulbeginn reißt Löcher in Familienkassen, im Internet: <http://www.ov-online.de/v3/frame.html> Aufruf 2002-08-25.

[150] Arbeiterwohlfahrt (AWO), Armut im frühen Grundschulalter. Eine vertiefende Untersuchung zur Lebenssituation, Ressourcen und Bewältigungshandeln von Kindern, im Internet: <http://www.wo.org/pub/jugend/kiju_hilfe/03_12_A_ISS Armut_Zusammenf.pdf/caarticle_file_download/lem0/03_12_A_ISSArmut_ Zusammenf.pdf> Aufruf 2005-08-25, 3.

[151] Vgl. Oberthür, Rainer, Kinder fragen nach Leid und Gott. Lernen mit der Bibel im Religionsunterricht, München 1998, 44.

3.1.2 Veränderte familiale Bedingungen

Auch die strukturellen Veränderungen der „Normalfamilie" und die damit verbundenen Auswirkungen auf das familiäre Zusammenleben beeinflusst die Entwicklung und das Seelenleben der Kinder. Gemeint ist u. a. die zunehmende Erwerbstätigkeit *beider* Eltern und die steigende Tendenz der Ein-Kind-Familien.[152] „Eine materielle Überversorgung kann die knappe Zeit der Eltern nicht kompensieren. Kontakte zu anderen Kindern entstehen seltener auf natürliche Weise, sie müssen organisiert werden."[153] In besonderem Maße sind jedoch Scheidungskinder von Hoffnungslosigkeit, Angst und seelischer Erschütterung geprägt. Der „Scheidungsschock" kann bei Kindern unterschiedliche Reaktionen hervorrufen: Das Kind kann sich bspw. selbst als Ursache für die Trennung der Eltern sehen, weil es ungezogen war und die Eltern sich wegen ihm uneinig waren. Ferner können Trennungsängste auftreten, die sich nicht nur auf den Verlust *eines* Elternteils beziehen, sondern auch Besorgnis um den Weggang des anderen Elternteils mit sich bringen.[154] Diese psychischen Reaktionen können sich z. B. durch Essstörungen, Verschlechterung der Schulleistungen aufgrund nachlassender Konzentration, extrem aggressiven Verhalten oder physischen Symptomen äußern. „Es gibt aber auch Kinder, die in der Absicht, sich selbst zu beschützen, so tun, als wäre nichts geschehen, als nähmen sie nichts wahr, als ginge sie das Ganze nichts an. Der Schock, den die elterliche Scheidung für das Kind bedeutet, lässt sich am Aufruhr der Gefühle und am Ausmaß der Verunsicherung und Verwirrung des Kindes erkennen."[155] Darüber hinaus befinden sich die Scheidungskinder oftmals in einem Loyalitätskonflikt, da sie keinen der beiden Elternteile verletzen möchten. Die hier grob skizzierten Probleme der Scheidungskinder lassen sich sicherlich noch durch weitere Ängste und Konflikte ergänzen, jedoch soll dieser Überblick zunächst genügen, da er bereits veranschaulicht, dass durch die Erfahrungen von Misstrauen und inneren

---

[152] Vgl. Sauer, Neue Glaubenswege erschließen, 67.

[153] Oberthür, Kinder fragen nach Leid und Gott, 44.

[154] Vgl. DuBois, Kinderängste 82; Eichner, Ernst, „... und dann einfach die Türe zu und die andere Frau nie mehr reinlassen". Konflikte zwischen den Eltern bei neuen Partnerschaften und ihre Auswirkungen auf das Kind, in: Klosinski, Georg / Günter, Michael / Karle, Michael (Hg.), Scheiden tut weh. Zur Situation von Kindern in auseinanderbrechenden Familien, 34-44, hier 34.

[155] Balscheit-von Sauberzweig, Peter, Scheidung – Was tun wir für unsere Kinder?, Band I, Zürich ⁴2000, 30.

Verletzungen vor, während und nach der Trennungsphase Probleme mit dem christlichen Glauben und Zweifel an dem himmlischen Vater entstehen können. Nicht selten wird die gestörte Beziehung mit dem leiblichen Vater auf das Gottesbild übertragen.

3.1.3 Krankheit, Schmerz, Tod

In der heutigen Zeit nehmen bei Kindern die chronischen Erkrankungen, wie bspw. allergische Reaktionen und Asthma tendenziell zu. Diese Anfälle wirken sich nicht nur negativ auf die körperliche Mobilität des Kindes aus, da es im Alltag immer damit zu rechnen hat, von diesen Ausbrüchen im Handeln eingeschränkt zu werden. „In immer größerer Zahl sind depressive Verstimmungen bereits im Kindsalter und augenfällige Verhaltensstörungen wie extreme Unruhe und Aggressivität festzustellen."[156] Doch wie viel Leid ertragen Kinder, die aufgrund einer körperlichen Deformation soziale Isolation erfahren? Reicht es nicht aus, dass sie durch ihre Behinderung motorisch eingeschränkt sind und deshalb auf Aktivitäten, die für gesunde Kinder als Selbstverständlichkeit gelten, verzichten müssen?[157]

Die schwere und oft lebensbedrohliche Krebserkrankung eines Kindes verursacht nicht nur einschneidende Veränderungen bei dem betroffenen Kind. Auch die Eltern und Geschwister sind verängstigt und verunsichert. Der Notwendigkeit, dem Kind seine Situation zu erklären und angstreduzierende Handlungsweisen einzusetzen, kann nur unter Berücksichtigung der Fragen und des entwicklungsgemäßen Horizonts des Kindes entsprochen werden. H. Kushner weist in diesem Zusammenhang auf folgende elementare und unumgängliche Erklärung hin, die nicht nur erkrankten Kindern vermittelt werden muss, sondern auch indirekt Betroffenen eine Hilfe sein soll: „Mehr noch als Erwachsene tendieren Kinder dahin, sich selbst als den Mittelpunkt der Welt zu betrachten und zu glauben, daß ihr Tun die Ereignisse hervorruft", deshalb „muß man ihnen immer wieder versichern, daß sie [=die Kinder; d. Verf. d. Arbeit] *nicht schuld* daran sind"[158], wenn sie an einer lebensbedrohlichen Krankheit leiden oder Familienmitglieder sterben. Bereits eine ungeschickte Formulierung kann die Emotion von Schuld intensivieren und die veralteten Erklärungsmuster vom Leid als gerechte Strafe aufwerten. Doch begegnet Kindern nicht nur im direkten gesellschaftlichen

---

[156] Oberthür, Kinder fragen nach Leid und Gott, 44.

[157] Vgl. Sauer, Neue Glaubenswege erschließen, 106.

[158] Kushner, Wenn guten Menschen Böses widerfährt, 97. – Herv. d. Verf. d. Arbeit.

Umfeld Krankheit und Tod, denn durch die Medien wird ihnen das Wissen „um die Zerstörung der Umwelt, die nahen und fernen Kriege und die Not anderer Menschen durch Hunger" vermittelt und häufig lösen „die Zukunfts-, Kriegs- und Umweltängste ... eine elementare Todes- und Trennungsangst aus, stark verknüpft mit der Angst vor dem Tod der Eltern"[159]. Diese Ängste und Probleme werden oftmals weder im Elternhaus noch in der Schule thematisiert, um die Kinder vor der Auseinandersetzung mit schrecklichen Themen zu beschützen, damit die Vorstellung einer sorglosen Welt erhalten bleibt.[160] „Gerade religiöse Eltern sind in Gefahr, ihre Kinder in einem illusionären Schonraum beheimatet sein zu lassen, indem sie die Wirklichkeit ausblenden."[161] Dadurch intensivieren und stabilisieren sich die Sorgen und Nöte der Kinder bei gleichzeitigem Verlust der Sensibilität gegenüber fremden Leiden. Deshalb *muss* der Religionsunterricht für die existentiellen Fragen der Kinder geöffnet werden und Themen wie Krankheit, Sterben und Tod sind entgegen der sozialen Sprachlosigkeit zu behandeln. „Die primär religionspädagogische Aufgabe ist, den Kindern durch die Rede von Gott Vertrauen in Gegenwart und Zukunft zu geben und die Erfahrung des Angenommenseins zu ermöglichen."[162]

3.1.4 Schulängste, Mobbing und Gewalt

Durch den Schuleintritt wird das Kind mit vielen neuen Herausforderungen konfrontiert: Das große Schulgebäude, weniger Nähe und Zuspruch durch die Erzieher resp. Lehrer, die warnenden Worte „Jetzt beginnt der Ernst des Lebens" oder die zeitliche Trennung von den Eltern unter rigoroseren Bedingungen als im Kindergarten. „Der Schulalltag der kommenden Jahre hält aber noch viele andere Möglichkeiten zum Angsthaben bereit."[163] Da sich

---

[159] Oberthür, Kinder fragen nach Leid und Gott, 45.

[160] Vgl. Rose, Susanne / Schreiner, Martin, „Vielleicht wollten sie ihm das nicht sagen, weil sie finden, dass er noch zu klein dafür ist ...". Begegnungen mit dem Thema Sterben und Tod im Religionsunterricht der Grundschule, in: Bucher, Anton A. / Büttner, Gerhard / Freudenberger-Lötz, Petra / Schreiner, Martin (Hg.), Mittendrin ist Gott. Kinder denken nach über Gott, Leben und Tod, Stuttgart 2002, 115-128, hier 115f.

[161] Sauer, Kinder fragen nach dem Leid, 15.

[162] Peter, Dietmar, ... und Gott wird abwischen alle Tränen. Das Thema „Tod" im Religionsunterricht, in: Loccumer Pelikan, Heft 1 (1997), 21-23, hier 22.

[163] Niederle, Monika / Weninger, Karl, Kinderängste, Wien 1992, 38.

unser Schulsystem im wesentlichen auf das Leistungsprinzip beruft, bewirkt es bei den Schülern einen enormen Leistungsdruck. Dadurch *können* Versagensängste entstehen.[164] Die Zensuren gelten als Maßstab, wie begabt oder auch unvermögend der Schüler ist. „Am traurigen Ende einer Kette von Mißerfolgen und Enttäuschungen wird die Leistung zum Streß und führt zur Versagensangst."[165] Physische Symptome wie Kopf- und Bauchschmerzen, Übelkeit und Schlafstörungen können als Reaktion auf die Niederlagen auftreten. Die Kinder haben nicht nur Angst davor, in der Schulklasse zu den Versagern zu gehören, sondern auch vor der Enttäuschung der Eltern, die für ihr Kind nur das Beste wollen. Sie erwarten, dass das Kind mit einer möglichst guten Schulbildung eine bessere und angenehmere Zukunft hat, als sie selbst.[166] Was erleben jedoch Kinder, die trotz extremen Lernens und subjektiven Bemühens das angestrebte Ziel nicht erreichen? Sie verlieren ihr Selbstvertrauen und agieren in einer Art der gelernten Hilflosigkeit: „Egal was ich tue, ich habe eh keinen Einfluss auf meinen Erfolg!"[167] In diesem Zusammenhang berichtet der Seelsorger D. Schupp von einem beeindruckenden Erlebnis während des Unterrichts in einer vierten Klasse. Die Schüler sollten in einer der kommenden Stunden eine Klausur schreiben und die gesamte Klasse wirkte aufgeregt und nervös. Nur eine Schülerin wirkte ruhig und gelassen. Auf die Frage, warum sie scheinbar keine Besorgnis wegen der Mathearbeit habe, antwortete sie: „Meine Mutti hat mir heute morgen gesagt, daß sie mich ganz, ganz fest lieb hat, auch dann, wenn ich heute eine Sechs schreibe"[168]. Eine weitere Erfahrung von Schülern aufgrund unzureichender Leistung führt zu einem immer häufiger auftretenden Problem in

---

[164] Leistung kann jedoch auch positive Emotionen in der Erwartung von Lob und Anerkennung bewirken.

[165] Vgl. DuBois, Kinderängste, 120.

[166] Vgl. DuBois, Kinderängste 121f.; Friebel, Wenn Kinder traurig sind 87f.; Stein, Arnd, Mein Kind hat Angst. Wie Eltern verstehen und helfen können, München 1982, 134.

[167] In eine Erfahrungsbericht schildern Eltern eines zehnjährigen Jungen genau diesen Verlauf beim Entstehen der Leistungsangst. Vgl. Friebel, Hans-Dieter, Aus der Praxis des Psychologen, in: Ders. (Hg.), Wenn Kinder verborgene Ängste haben. Eltern berichten über Möglichkeiten der Erkennung, Hilfe und Bewältigung, Lahr 1990, 5-37, hier 31-33.

[168] Schupp, Dieter, Aus der Praxis des Seelsorgers, in: Friebel, Hans-Dieter (Hg.), Wenn Kinder verborgende Ängste haben. Eltern berichten über Möglichkeiten der Erkennung, Hilfe und Bewältigung, Lahr 1990, 39-61, hier 53.

den Schulen: Mobbing und Gewalt. In der Hansestadt Hamburg stieg die Jugendgewalt von 1988 bis 1996 um 176 Prozent, in Berlin wurde ein Anstieg der Schusswaffen, die im Besitz von Jugendgruppen sind, um 44 Prozent innerhalb eines Jahres (1996) verzeichnet.[169] Damit wird evident: Kinder und Jugendliche sind in der Realität nicht so nett und unschuldig, wie es in der Vorstellung mancher Eltern existiert. Schon im Kindergarten werden Aggressionen an anderen Kindern ausgelassen, sei es durch schlagen, kratzen und beißen oder durch die bewusste Ausgrenzung beim Spielen. „Diese Seite der Leidproblematik wird aus einer falschen Kindheitsnostalgie heraus oft zu wenig beachtet."[170] Vor allem verstehen Lehrer und Schulleiter die verbale Aggression gegenüber Mitschülern oftmals nicht als Gewaltakt, obwohl sich daraus oftmals aggressive Verhaltensweisen entwickeln.[171] Die Atmosphäre der Gewalt ist mittlerweile in einem großen Teil unserer Schulen zu spüren. Die Ursachen für diese negative Stimmung sind noch nicht hinreichend erforscht, jedoch trägt der enorme Medienkonsum und ein von Brutalität geprägtes Familienklima dazu bei, dass die Hemmschwelle der Gewalt extrem herabgesetzt wird. „Was uns besonders betroffen machen muss, ist die Tatsache, dass die Gewalt ausübenden Kinder über kein Unrechtsbewusstsein mehr verfügen, sie sind oft zu Schuldgefühlen nicht mehr fähig."[172] Um es noch radikaler zu formulieren: Die Kinder und Jugendlichen berufen sich auf ihre Gewalttaten und erzählen sie voller Stolz, wenn es ihnen um Anerkennung und Bestätigung geht. Diese Umstände betreffen nicht nur die Sekundarstufe, sondern sind bereits im Kindergarten und in der darauf folgenden Primarstufe zu finden. Welches Vertrauen haben diese Kinder verloren und welchen Ersatz dafür gefunden? Im christlichen Religionsunterricht der Grundschule sind diese Modalitäten zu thematisieren, um bei der Bewältigung von Ängsten der betroffenen Opfer als auch den Tätern in ihrem antisozialen Verhalten zu helfen.

---

[169] Vgl. Wöbken-Ekert, Gunda, „Vor der Pause habe ich richtig Angst". Gewalt und Mobbing unter Jugendlichen. Was man dagegen tun kann, Frankfurt / Main u. a. 1998, 20-22.
[170] Sauer, Neue Glaubenswege erschließen, 109.
[171] Vgl. Wöbken-Ekert, „Vor der Pause habe ich richtig Angst", 41.
[172] Sauer, Neue Glaubenswege erschließen, 110.

3.1.5 Emotionaler und physischer Missbrauch

Die Kindesmisshandlung ist ein sehr komplexes Thema, das durch die Medien in den vergangenen Jahren eine besondere Aufmerksamkeit erhalten hat, und auch die wissenschaftliche Diskussion zu diesem Problem nahm seit den achtziger Jahren in Deutschland zu.[173] Die „UN-Konvention über die Rechte des Kindes" vom 20.11.1989 befasst sich in Artikel 19 direkt mit dem Problem der Kindesmisshandlung. Demnach ist „das Kind vor jeder Form körperlicher oder geistiger Gewaltanwendung, Schadenszufügung oder Mißhandlung, vor Verwahrlosung oder Vernachlässigung, vor schlechter Behandlung oder Ausbeutung einschließlich des sexuellen Mißbrauchs zu schützen, solange es sich in der Obhut der Eltern oder eines Elternteils, eines Vormunds oder anderen gesetzlichen Vertreters oder einer anderen Person befindet, die das Kind betreut"[174]. Jedoch zeigt die Erfahrung, dass sich Missbrauch, Gewalt und Vernachlässigung in vielen Familien in unterschiedlichen Dimensionen ereignet. Die emotionale Misshandlung kann sich in den Formen von Ignorieren, Isolieren, Ablehnen, Bedrohen und Terrorisieren des Kindes äußern. Eine Vernachlässigung liegt vor, wenn ein Kind nicht ausreichend mit Nahrung, Hygiene und Beachtung versorgt wird. Physische Misshandlung ist anhand schwerer Verletzungen der Haut und der inneren Organe sowie durch Knochenfrakturen erkennbar. Problematisch ist die Erfassung des Auftretens von emotionalem, körperlichem und sexuellem Missbrauch. Die Befragung der betroffenen Kinder gestaltet sich diffizil, weil sie die Angriffe generell nicht erzählen aufgrund möglicher Strafandrohungen durch den Täter oder antworten nicht wahrheitsgemäß. Oftmals ist das Kind in seiner kognitiven Entwicklung noch nicht so weit, um die Frage zu verstehen oder es schämt sich, dieses Problem zu schildern. Die Eltern selber geben den Missbrauch freiwillig nicht zu und die Kriminalstatistik spiegelt vorwiegend nur die Fälle wider, die durch einen Zufall aufgedeckt

---

[173] Vgl. Frick, Ulrich / Frank, Reiner / Schött, Christian, Zur Diagnose „Kindesmißhandlung". Ein Modell des ärztlichen Urteilsfindungsprozesses und Ansätze zu seiner empirischen Überprüfung, in: Martinius, Joest / Frank, Reiner (Hg.), Vernachlässigung, Mißbrauch und Mißhandlung von Kindern. Erkennen, Bewußtmachen, Helfen, Bern u. a. 1990, 69-84, hier 69.

[174] UN-Konvention über die Rechte des Kindes vom 20.11.1989, in Internet: <http://www.unicef.at/ kinderrechte/download/crcger.pdf> Aufruf 2005-08-29, 6f. – Diese Konvention wurde lt. Beschluss der UN-Vollversammlung zum Teil der UN-Charta der Menschenrechte gemacht.

wurden.[175] Umso bedeutsamer ist das Wahrnehmungsvermögen und die Sensibilität des Lehrers, wenn sich Schüler vertrauensvoll an ihn wenden, um von ihrem seelischen, körperlichen und sexuellen Schicksal zu sprechen. Neben der Mitwirkung an der Aufdeckung der Misshandlung[176] ist der Trost, das Mitgefühl und die Empathie des Lehrers gefragt. „Gerade im Leid brauchen Kinder die Nähe von liebenden, mitsorgenden Menschen, die schweigend bei ihnen ausharren und nicht viele Worte verlieren, sondern ihr Leid teilen. Eine Anteil nehmende, Schutz gewährende Geste kann sich in diesem Augenblick als hilfreicher erweisen als viele Worte."[177] Insbesondere der Religionsunterricht als Bindeglied zwischen den belastenden Alltagserfahrungen der Kinder und dem theologischen Denken muss in seinen didaktischen Entscheidungen die Lebenssituation der Kinder berücksichtigen, um das menschliche Miteinander zu beleben und Formen des menschenwürdigen Umgangs zu praktizieren.

3.2 Kindliche Deutungsversuche des Leids

Wie in der vorangegangenen Darstellung beschrieben wurde, sind viele Quellen für die Leidenserfahrungen der Kinder ursächlich. In welchem Umfang das eigene und auch fremde Leid die Entwicklung der subjektiven Gottesvorstellung, insbesondere im Grundschulalter beeinflusst, soll im Folgenden veranschaulicht werden.

„Für das Verständnis des Leids bzw. der Frage nach Gott und dem Leid im Kindes- und Jugendalter macht es einen Unterschied, ob Kinder bzw. Jugendliche religiös sozialisiert sind oder nicht. Nichtreligiös sozialisierte Kinder und Jugendliche können in der Regel dem Leid keinen religiösen Sinn zuschreiben bzw. tun sich mit der Frage schwerer."[178] Zudem muss die Stufe des religiösen Urteils, auf der sich das Kind befindet, berücksichtigt werden. Die erste Stufe nach F. Oser / P. Gmünder tritt mit acht bis neun Jahren am häufigsten auf, reduziert sich bis zum 11./12. Lebensjahr und nimmt mit vierzehn bis fünfzehn Jahren fast vollständig ab.[179] Während dieser Entwick-

---

[175] Vgl. Wegner, Wolfgang, Mißhandelte Kinder. Grundwissen und Arbeitshilfen für pädagogische Berufe, Weinheim u. a. 1997, 19-21.

[176] Vgl. Wegner, Mißhandelte Kinder, 165.

[177] Sauer, Neue Glaubenswege erschließen, 122.

[178] Ritter, Artikel Leiden, 223.

[179] Vgl. Oser, Fritz / Gmünder, Paul, Der Mensch – Stufen seiner religiösen Entwicklung. Ein struktur-genetischer Ansatz, Zürich u. a. 1984, 89 und 193 – Eine

lungsspanne geht das Kind davon aus, dass alles von externen Kräften gelenkt und gesteuert wird, d. h. „alle Aktionen" gehen „von Gott aus, während der Mensch nur reagieren kann"[180]. Somit wird auch das Leiden auf Gott zurückgeführt, weil er alles kann. Gott ist deus ex machina. Folgendes Beispiel soll dieses infantile Konstrukt verdeutlichen: Michael erklärt sich seine schlechte Note in dem Diktat als Strafe Gottes, weil er an den vorangegangenen Tagen lieber mit seinen Freunden gespielt hat, anstatt – wie er es versprochen hatte – zu lernen. Im Alter von 10-13 Jahren (etwa ab dem vierten Schuljahr) „werden als Ursache von Leid häufig die Menschen der nahen Umgebung genannt" und die „Beziehungsebene mit Erlebnissen von Gewalt, Verboten, Scham, Isolation rückt in den Mittelpunkt, bevor dann Leid zunehmend nicht mehr nur am Beispiel eigener, sondern fremder Erfahrungen thematisiert wird"[181]. Auch die Medien, wie bspw. die täglichen Nachrichtensendungen, tragen zu einem großen Teil dazu bei, dass die Kinder förmlich „bombardiert" werden mit fremden Leiderfahrungen. Oftmals werden die Kinder mit diesen Bildern allein gelassen – für die Beantwortung ihrer Fragen ist keine Zeit. Berücksichtigt man die entwicklungs- und religionspsychologischen Voraussetzungen dieser Altersstufe, erscheint es durchaus plausibel, wenn Kinder enttäuscht und abweisend auf die Frage nach Gott reagieren. „Kinder können in diesem Alter nicht verstehen, warum Gott nicht Kriege verhindere oder einen Krieg nicht beende", denn sie „wissen noch nicht darum, daß in diesem Fall auch Menschen Verantwortung tragen und es von ihrer Einsicht und ihrem guten Willen mit abhängt, ob und wann ein Krieg entsteht bzw. aufhört"[182]. Durch die Erfahrungen der Wirklichkeit und den Vorstellungen der religiösen Traditionswelt entsteht eine Diskrepanz, die sich als nicht gelöstes Problem und Enttäuschung über ausgebliebene Hilfe in der Gedankenwelt der Kinder manifestiert und schließlich als unüberwindbar erscheint.[183] Darüber hinaus sind profane und personelle Vorstellungen von Gott zu Lasten des Gefühls für die Transzendenz Gottes

---

detaillierte Analyse der Stufenbeschreibung des religiösen Urteils wird neben der Entwicklungstheorie Piagets und der Entwicklung des moralischen Urteils nach Kohlberg in einem gesonderten Kapitel eruiert.

[180] Sauer, Kinder fragen nach dem Leid, 19.

[181] Dressler, Bernhard, Über die Sinnlosigkeit des Leidens. Religionspädagogische Erwägungen über Sinnsuche und Leiderfahrungen von Kindern und Jugendlichen, in: Loccumer Pelikan, Heft 1 (1996) 11-18, hier 13.

[182] Sauer, Kinder fragen nach dem Leid, 21.

[183] Vgl. Oberthür, Kinder fragen nach Leid und Gott, 49.

mehrheitlich vorherrschend. Der Glaube an Gott wird an einer körperlichen Erscheinung festgemacht – wer ihn nicht gesehen hat, dem fällt es auch schwer, an Gott zu glauben. Diese und ähnliche Äußerungen von Kindern zu der Frage nach Gott werden bereits im Religionsunterricht der Primarstufe zur Sprache gebracht.[184]

Für die weitere Diskussion halte ich resümierend fest, dass jüngere Kinder das Leid auf den allmächtigen Gott zurückführen, ältere Kinder die Ursache des Leids in dem menschlichen Versagen sehen, wobei sich die „Äußerungen von Kindern und Jugendlichen zu dem leidigen Theodizeeproblem"[185] nur gering unterscheiden. Jedoch reichen alle Antwortversuche von Kindern und Jugendlichen nicht aus, das Problem zu lösen. Damit die Kinder in ihrer Betroffenheit nicht allein bleiben, sollen im Folgenden mögliche Hilfestellungen und weiterführende Überlegungen zur Leidbewältigung eruiert werden, auch wenn dabei die sprachlichen Mittel oftmals an ihre Grenzen stoßen.

3.3 Hilfreiche Wege zum Bestehen im Leid

3.3.1 Die Leidproblematik: Verdrängen oder Zulassen?

Wie in den vorbereitenden Überlegungen bereits verdeutlicht wurde, sind Kinder vielfältigen persönlichen Leiderfahrungen ausgesetzt oder nehmen das Leid anderer Menschen durch die alltägliche Präsenz in den Medien wahr. Dennoch versuchen viele Eltern und Erzieher um die Kinder eine „Glaskuppel" zu errichten, um sie damit – oftmals erfolglos – vor dem Bösen in der Welt und schmerzhaften seelischen Reaktionen zu bewahren. „Zur allgemeinen und zur religiösen Erziehung gehört es, dass Kinder auch die dunklen Seiten des Lebens kennen lernen *müssen*. Wir müssen sie schon früh auf die leidvolle Wirklichkeit vorbereiten, damit sie ihr nicht hilflos ausgeliefert sind."[186] Darüber hinaus trifft die schmerzhafte Wirklichkeit die Kinder oft viel früher, als es die Eltern vermuten: Die tote Schnecke, die während eines Spaziergangs auf dem Weg liegt, ein Unfall mit Verletzten auf dem Weg zur Schule, Ausgrenzung beim Spielen, usw. Um in dem schwierigen Stadium der Identitätsentwicklung eine eigenständige und stabile Persönlichkeit zu evolvieren, die auch in ungewissen und bedrängenden Situationen bestehen kann, bedarf es der Konfrontation mit den dunklen

---

[184] Vgl. Sauer, Kinder fragen nach dem Leid, 22f.
[185] Sauer, Neue Glaubenswege erschließen, 111.
[186] Sauer, Neue Glaubenswege erschließen, 113. – Herv. d. Verf. d. Arbeit.

Seiten des Lebens, um nicht zuletzt mit Empathie und Anteilnahme auf das Schicksal der Mitmenschen reagieren zu können.[187] „Einblicke in Entwicklungswege und -irrwege schärfen ein Unterscheidungsvermögen und sensibilisieren für Recht und Unrecht, Gleichheit und Ungleichheit. ... Sprachkompetenz, Gerechtigkeitskompetenz und ökologische Kompetenz sind dann die Folgen einer Persönlichkeitsentwicklung, die durch Krisen an Klarheit und innerer Stabilität gewonnen hat."[188] Kinder haben somit die Möglichkeit, an Leiderfahrungen zu reifen.[189] Als unbedingte Voraussetzung gilt, dass Eltern, Erzieher und Lehrer bei der Leidverarbeitung als hilfreiche Stütze fungieren, Einfühlungsvermögen und Verständnis für die Anliegen der Kinder zeigen und die Grenzen der individuellen Belastbarkeit berücksichtigen.[190] Ferner können *unterdrückte und versteckte* Gefühle, wie Angst und Trauer profunde Störungen in der Persönlichkeit des Kindes verursachen. „Würde ein Kind ... jeder Möglichkeit beraubt, Trauer zu empfinden, würde es ein ärmerer Mensch werden, ohne Größe und Tiefe seines Gefühlslebens."[191] Die Erwachsenen haben dabei Vorbildfunktion, da die Kinder durch ihr Verhaltensmodell lernen. Stehen wir zu unseren Emotionen, sprechen sie aus und setzen uns mit ihnen auseinander, kann es für Kinder sehr erleichternd wir-

---

[187] R. Schindler formuliert diese Bedingung wie folgt: „Wenn ein Kind später, als Erwachsener, gegen Leiderfahrungen Kraft haben und sie ertragen können soll, muss es dies eingeübt haben, muss es mit der Begrenztheit, der Nicht-Machbarkeit des Lebens vertraut sein. ... Es geht auch darum, für die Wahrnehmung des Leidens anderer und des Leidens der Kreatur zu sensibilisieren. ... Dabei sollen unsere Kinder aber nicht vor allem zu ‚Mitleid' mit solchen Kindern, sondern zu *aktiver Hilfe* angeregt werden, soweit dies möglich ist." Schindler, Regine, Himmel und Erde. Ein Elternbuch zur religiösen Erziehung, Freiburg u. a. 2001, 64. – Herv. d. Verf. d. Arbeit.

[188] Marx-Markwort, Brigitte / Markwort, Ralf, Durch Krisen wachsen. Christlicher Glaube und Psychotherapie, Stuttgart 2002, 8.

[189] Bereits J. Korczak vertrat die Auffassung , dass die „Pädagogik der Bewahrung ... keinen Beitrag zur Realität" leiste, „sondern ... Illusionen" vermittle und damit den Kindern die Chance nimmt, „Trauer und Schmerz zu empfinden und auszudrücken angesichts des Leids, das schon früh in ihr Leben einbricht", denn zur „religiösen Erziehung gehört es, dass das Kind mit den Höhen und Tiefen des Lebens früh vertraut gemacht wird, dass sein Blick für das Dunkle, Nichtgelungene geschärft wird". Sauer, Neue Glaubenswege erschließen, 90.

[190] Vgl. Friebel, Wenn Kinder traurig sind, 111f.

[191] Fraiberg, Selma H., Das verstandene Kind: die ersten fünf Jahre, Hamburg ³1973, 275.

ken und sie veranlassen, ihren Gefühlen freien Lauf zu lassen, anstatt mit primitiven Mitteln dagegen anzukämpfen.[192]

Ein weiterer elementarer Aspekt in der Entwicklung des Kindes wird durch diese Verhaltensmuster berührt: Eltern und Erzieher schaffen durch ihre Gefühlsäußerungen und dem ernst nehmen der Sorgen und Nöte der Kinder eine Atmosphäre der Geborgenheit und des Vertrauens. „Fühlt das Kind sich in der Liebe seiner Eltern geborgen, dann kann es sich auch getrost in Gottes Hände fallen lassen. Was auch immer diesem Kind ... widerfährt, es vertraut darauf, dass die Kräfte des Guten und Gerechten sich als stärker erweisen werden."[193]

3.3.2 Leid als Strafe Gottes? Strafangst und Schuldgefühl

Die „Warum-Frage" der Kinder angesichts ihrer Leiderfahrungen entwickelt sich oftmals im Kontext zwischen Tun und Ergehen. Nicht zuletzt die unzeitgemäßen „Lebensweisheiten" der Erwachsenen beeinflussen die Entwicklung der Strafangst: „Kleine Sünden bestraft der liebe Gott sofort!" oder „Die Strafe folgt auf den Fuß!". Jedoch ist es fatal, wenn aus dem Ergehen resp. Leiden eines Menschen Rückschlüsse auf sein Handeln vollzogen werden, denn damit wird diesen Menschen ihr scheinbar vorangegangenes Fehlverhalten oder ihre Sünde zur Last gelegt.[194] H. Kushner schreibt in diesem Zusammenhang: „Menschen jeder Generation haben den Versuch unternommen, dem Leid auf dieser Welt einen Sinn zu geben, indem sie annahmen, daß wir das, was uns zustößt, auch verdient haben, daß unser Unglück irgendwie eine Bestrafung für unsere Sünden ist."[195] Die Erzählungen aus dem Alten Testament haben sicherlich dazu beigetragen, diesen Tun-Ergehen-Zusammenhang in den Vorstellungen der Menschen zu manifestieren.[196] Sie lösten den Glauben an den strafenden Gott ab, von dem in etwa 1000 Stellen im Alten Testament die Rede ist.[197] Das Volk Israel hat seinen

---

[192] Vgl. Friebel, Aus der Praxis des Psychologen, 7-10.
[193] Sauer, Neue Glaubenswege erschließen, 114.
[194] Vgl. Dohmen, Christoph, Wozu, Gott?, 114f.
[195] Kushner, Wenn guten Menschen Böses widerfährt, 20.
[196] Vgl. Egle, Gertraude (Hg.), Handbuch für den Religionsunterricht. Theorie und Praxis zum neuen Lehrplan in der Grundschule 4. Klasse Volksschule, Wien 1995, 228.
[197] Vgl. Oberthür, Rainer, Angst vor Gott? Über die Vorstellung eines strafenden Gottes in der religiösen Entwicklung und Erziehung, Essen 1986, 39.

Gott als geschichtsmächtigen Retter und naturmächtigen Schöpfer erfahren. Deshalb findet sich „neben dem Willkürgott ... im AT gerade der Protest gegen eine solche Gottesvorstellung, da Jahwe als gerechter Gott erfahren wird, der im Kontext der Theodizeefrage nicht für die Übel der Welt verantwortlich gemacht werden kann"[198]. Die Sünden seiner Geschöpfe in der von Gott geschenkten Freiheit sind als Ursache für das Leid in der Welt deklariert worden. Diese Vorstellung beeinflusste auch die Theodizeelehre des Augustinus, wie bereits unter Punkt 2.4.4 dieser Arbeit erörtert. Anscheinend bleibt die Nachricht von Jesus, „der den Blindgeborenen heilte und den vor allem im Ersten Testament weit verbreiteten Tun-Ergehenszusammenhang durchbricht" bis heute in der religiösen Erziehung unberücksichtigt, denn Jesus „sagt ausdrücklich auf die Frage, wer hier gesündigt habe, ‚weder er [= der Blindgeborene; d. Verf. d. Arbeit] noch seine Eltern haben gesündigt, sondern das Wirken Gottes soll an ihm offenbar werden.' (Joh 9,3)"[199]. Kinderumfragen belegen, dass in der Erziehung oftmals diese Denkmuster vermittelt werden, die die Ursache des Leidens als Strafe für begangene Sünden der Menschen deuten.[200]

R. Mokrosch differenziert in diesem Zusammenhang verschiedene Typen von Kinderäußerungen zu dem Thema Leiderfahrungen und die Frage nach Gott. Können Kinder plausible Gründe für das Leid erkennen, wird Gott nicht angeklagt resp. verantwortlich gemacht für das Schicksal anderer Menschen. „Ich schließe daraus, daß Kinder ganz realistische Ursachen benennen, wenn sie sich das Leid erklären können. Bleibt es ihnen dagegen unerklärlich, dann erklären sie es magisch, mythisch, animistisch. Dann richten und hadern sie mit Gott."[201] Wie kann Kindern die Angst vor einem strafenden Gott und sich daraus entwickelnden Neurosen genommen werden? Der Verdrängungsmechanismus kann sicherlich nicht als Lösung für eine endgültige Eliminierung der Angst fungieren. Erst wenn die existentielle Angst aufgedeckt wird, können „die falsch plazierten [sic!] Unsicherheiten, Schuldgefühle und Zweifel ... als unrealistisch erkannt werden"[202]. Die Orientierung an der Realität ist relevant, um sich damit von der Kapitulation vor

---

[198] Oberthür, Angst vor Gott?, 42.

[199] Sauer, Neue Glaubenswege erschließen, 119.

[200] Vgl. Sauer, Ralph, Kind und Leid, in: Religionspädagogische Beiträge, Heft 35 (1995), 97-102, hier 101; Oberthür, Angst vor Gott?, 103f.

[201] Mokrosch, Reinhold, Kinder erfahren Leid und fragen nach Gott. Wie sollen wir reagieren?, in: Religionspädagogische Beiträge, Heft 35 (1995), 87-95, hier 93.

[202] Oberthür, Angst vor Gott?, 118.

der Ohnmacht und der ich-bezogenen Schuldzuweisung zu trennen und diese durch eine reife Religiosität ohne angstfundierte Gottesvorstellung zu ersetzen. Die Aufgabe der Eltern und Lehrer beschränkt sich dabei nicht nur darauf, die seit Generationen tradierten Deutungen und Aussagen über Gottes Allmacht zu vermeiden („Der liebe Gott sieht alles!") und den strafenden Gott aus der Erziehung zu verdrängen, sondern „seine eigene (religiöse) Entwicklungsgeschichte und seine Kindheitserlebnisse aufzuarbeiten und auf Fehlentwicklungen und (negative) verdrängte Erfahrungen hin zu überprüfen (z.B. Ängste und Schuld- bzw. Minderwertigkeitsgefühle, mangelndes Vertrauen, Bestrafungen, nicht ausgetragene Elternkonflikte, nicht gelebte Wunschträume)"[203]. Eine Eltern-Kind-Beziehung, die geprägt ist von Zuneigung, Intimität und der gegenseitigen Achtung, bildet dabei für das Kind die elementare Voraussetzung, ein Grundvertrauen zu unserem gütigen Gott zu entwickeln und dem „realistischen Blick in die Welt stand(zu)halten, und hier vor allem einem realistischen Blick auf die Übel in der Welt und das reale Leiden der Menschen"[204]. Eine weitere religionspädagogische Herausforderung ergibt sich aus dem veränderten Schuld- und Vergebungsverständnis der heutigen Zeit. Ursächlich dafür ist die Zunahme struktureller Schuld, wie z. B. Folgen der Alkoholwerbung, Rodung des Regenwaldes als ein wesentlicher Faktor für die Verschlechterung der Klimaverhältnisse usw. Sind bei der personalen Schuld die Beteiligten und die begleitenden Umstände oftmals eindeutig zu konstatieren, herrscht bei der strukturellen Schuld eine völlige Unklarheit über „Schädiger und Geschädigte, übertretene Normen und Werte, der Schaden und die niedere Gesinnung"[205]. Diese Gegebenheiten werden zum Hindernis für eine Erziehung zur Vergebung, da eine Versöhnung nur zwischen Personen möglich ist. Es folgen negative Konsequenzen für das Gottesverständnis der Kinder und Jugendlichen: Da die strukturelle Schuld im Alltag häufiger präsent ist, erleben sie weniger Vergebung und somit auch weniger Gottes Vergebung.[206] Das Unrechtsbewusstsein wird reduziert, die Schwelle zur Bereitschaft, anderen Menschen Leid zuzufügen, wird leichtfertig und unbedacht überschritten. Gleichwohl

---

[203] Oberthür, Angst vor Gott?, 123.

[204] Kochanek, Mit Kindern von Gott reden, 93. – grammatikalische Angleichung durch die Verf. d. Arbeit.

[205] Mokrosch, Reinhold, Scheitern – Schuld – Vergebung, in: Bitter, Gottfried / Englert, Rudolf / Miller, Gabriele / Nipkow, Karl Ernst (Hg.), Neues Handbuch religionspädagogischer Grundbegriffe, München 2002, 114-117, hier 114.

[206] Vgl. Mokrosch, Scheitern – Schuld – Vergebung, 114f.

kann dem Verlust von Schuldbewusstsein und Bereitschaft zur Vergebung durch folgende Maßnahmen entgegengewirkt werden: „Auf ... eine Analyse struktureller Schuld sollte ... ein Einblick in persönliche Schuld erfolgen. ... Eine Kenntnisnahme der Urgeschichten und von Röm 7 könnte das vertiefen. ... Schritte eigener Schuldverarbeitung sollten folgen. Möglichkeiten einer aktiven Vergebung im Sinne Jesu könnten den Abschluss bilden."[207]

Die hier aufgeführten Ansätze stellen lediglich einige Aspekte des Fundaments für eine religiöse Entwicklung und Erziehung dar, das sich von der Vorstellung eines strafenden Gottes distanziert und dabei die Generierung einer krankhaft-schuldfixierten Religiosität verhindert. Die Auseinandersetzung mit dem veränderten Verständnis von Schuld und Vergebung soll dabei unterstützend wirken und das sinkende Gottvertrauen der Kinder in unserer Risikoleistungsgesellschaft paralysieren.

3.3.3 Gott ist allmächtig, aber warum gibt es dann Leid?

Wie bereits unter Punkt 2.4.1 formuliert, gibt es divergente Positionen hinsichtlich der Auffassung von Gottes Allmacht. Im Zentrum der Diskussionen wird der Frage nachgegangen, wie weiterhin von Gottes Allmacht und Güte gesprochen werden kann in Anbetracht der schlimmen Katastrophen und bestialischen Gräueltaten der Menschheitsgeschichte. „Kierkegaard sucht den Widerstreit von Güte und Allmacht Gottes dadurch zu schlichten, dass er die Allmacht biblisch zu Recht als eine begreift, die nichts als Güte realisieren will, ja Gottes Güte ist."[208] Wie sollen Kinder im Grundschulalter die Diskussionen um das Paradoxon von Gottes Allmacht oder Ohnmacht verstehen und dabei Vorstellungen entwickeln, die ein Eingreifen Gottes weniger irdisch aber dafür transzendental denken? Dieses Vorhaben würde sich als Problem erweisen, weil Kinder in diesem Alter die Ausführungen der Bibel nicht als symbolische Sprache verstehen, sondern eher wortwörtlich auffassen. „Nach dem belgischen Religionspsychologen A. Godin verstehen 9-11jährige Kinder auf Grund ihrer christlichen Erziehung die Allmacht Gottes und den Beistand Gottes in einer auf das eigene Ich bezogene Weise, sie glauben an die Macht des Gebetes, weil Gott ihnen helfen muss."[209] Die Enttäuschung der Kinder ist groß, wenn trotz intensiven Bittens keine Veränderung des Leidens wahrgenommen wird und kann zu einem Abschied

---

[207] Vgl. Mokrosch, Scheitern – Schuld – Vergebung, 117.
[208] Petzel, Leiden – Theodizee, 100.
[209] Sauer, Neue Glaubenswege erschließen, 115f.

von Gott führen. Folgendes Exempel soll diesen Prozess verdeutlichen: Wolfgang hat im Alter von fünf Jahren seinen Vater verloren. Seine Mutter und Großmutter sagten ihm, er müsse ganz viel beten, damit sein Vater wieder zurückkomme. Jeden Tag betete Wolfgang zu Gott und flehte ihn an, seinen Vater wieder lebendig zu machen. Wolfgangs Vater kam nicht wieder. Mit acht Jahren gab er die Hoffnung und damit auch seinen Glauben an Gott auf. Das Beispiel zeigt, dass Kinder von der Illusion des „Superman-Gottes" mit profanen Eigenschaften abgebracht werden müssen, um zu erkennen, dass die unendliche Liebe Gottes seine wahre Macht ist. „Dabei entsteht vermutlich ein harter Konflikt im Kinde zwischen seiner ‚natürlichen' Vorstellung von Gottes Allmacht und der ‚neuen' Vorstellung, daß Gottes Allmacht aus augenscheinlich ohnmächtig erscheinender Liebe besteht. ... Leiderfahrungen sollen religionspädagogisch so aufgearbeitet werden, daß Gottes Liebe als mitleidende und tröstende Liebe erscheint, so wie Jesus Christus durch sein Leiden mit allen Leidenden mitgelitten und sie getröstet hat."[210] Durch diese unterrichtlichen Maßnahmen kann auch von dem Postulat diverser Theologen, die Allmacht Gottes zu negieren, um ihn dadurch von der Verantwortung des Leidens in der Welt freizusprechen, Abstand genommen werden.

Abschließend gilt es zu bedenken, dass der Terminus „der Allmächtige" in Gegenwart von Kindern nur mit Bedacht verwendet werden darf, da dieser oftmals missverstanden wird. „Nicht weniger problematisch ist das Bild vom Auge Gottes, das alles sieht", stattdessen „sollte das biblische Symbol von der Hand Gottes" gebraucht werden, „in der wir uns geborgen fühlen dürfen, die uns schützt und führt"[211].

3.3.4 Ist Leid unvermeidlich um der menschlichen Freiheit willen?

Mit zunehmenden Alter erklären die Kinder resp. Jugendlichen das Leid als Resultat des Missbrauchs der von Gott geschenkten menschlichen Freiheit. Diese Erklärungsversuche gehen zurück auf die Annahmen von christlichen Eltern, Erziehern und sogar Theologen, die in der Willensfreiheit der Menschen die Ursache für die Leidensgeschichte der Welt sehen.[212] Sie interpretieren das Übel als „Preis der Freiheit, die Gott ihm [= dem Menschen; d. Verf. d. Arbeit] gewährt, dass er davon falschen Gebrauch macht, das ist die

---

[210] Mokrosch, Kinder erfahren Leid und fragen nach Gott, 95.
[211] Sauer, Neue Glaubenswege erschließen, 116.
[212] Vgl. dazu auch Kapitel 2.4.4 dieser Ausarbeitung.

Konsequenz der seiner Liebe, dass er keine Marionette erschaffen hat"[213]. Diese Argumente sind weder für die Ursachenforschung nach dem moralischen Übel dienlich, noch können sie die natürlichen Übel erklären. Darüber hinaus wird der Eindruck erweckt, dass der Freiheitsraum des Menschen unbegrenzt sei und damit unabhängig von Gott. „Wir sind frei, wir können die Verantwortung für unsere Freiheitsentscheidungen nicht auf Gott abwälzen, aber eben diese unsere Entscheidungen sind noch einmal restlos umfaßt von der Verfügung Gottes allein, die nur in ihm und in sonst gar nichts ihren Grund hat."[214] Das Faktum, dass unsere Freiheitsentscheidungen von der souveränen Freiheit Gottes getragen wird, bleibt für uns ein Teil der Unbegreiflichkeit Gottes. Damit ist auf den o. g. Erklärungsversuch, das Leid als Preis der menschlichen Freiheit zu deklarieren, zu verzichten. Insbesondere für die Primarstufe ist dieser Lösungsversuch unter Berücksichtigung von religionspsychologischen Aspekten absolut ungeeignet, da sich das Kind in diesem Alter gemäß F. Oser / P. Gmünder noch in einer absoluten Dependenz zu Gott sieht.[215]

3.3.5 Gläubiger Verzicht auf eine Lösung

Eltern, Erzieher und Lehrer sind oftmals geneigt, auf die Frage der Kinder nach dem Leid detailliert und rational zu antworten, indem sie nach Ursachen und Lösungen für das Problem suchen. Die Intention dieser Erklärungsversuche beruht auf dem allgemeinen pädagogischen Ziel, die beharrlichen Fragen der Kinder in extenso beantworten zu wollen. Renommierte Theologen wie bspw. H. Küng und W. Pannenberg vertreten hingegen den Ansatz, auf eine Erklärung des Leids zu verzichten. „Sie akzeptieren das Problem und betrachten es zugleich als unlösbar. Genauer gesagt gehen sie zumeist davon aus, dass zwar eine Lösung besteht, dass diese jedoch nur Gott bekannt, uns hingegen unerreichbar verborgen ist."[216] Anstatt mit Bildern vom strafenden oder „alles sehenden" Gott die Kinder zu verunsichern, sollten die Erwachsenen bereit sein, ihr eigenes Nichtwissen zu bekunden. Bereits J. Korczak vertrat diese Auffassung, wenn er schrieb: „Es gibt

---

[213] Sauer, Neue Glaubenswege erschließen, 117.

[214] Rahner, Warum lässt Gott uns leiden?, 458.

[215] Vgl. Oser / Gmünder, Der Mensch – Stufen seiner religiösen Entwicklung, 94f. u. 193.

[216] Schmidt-Leukel, Perry, Grundkurs Fundamentaltheologie. Eine Einführung in die Grundfragen des christlichen Glaubens, München 1999, 116.

schwierige Fragen, auf die man besser gar nicht antwortet als mit einer oberflächlichen, unverständlichen Erklärung, die Antwort auf diese Fragen weiß niemand, auch die Erwachsenen nicht, und nicht einmal der Lehrer – keiner weiß das."[217] Dadurch erfahren die Kinder, dass Eltern und Erzieher ehrlich sind und darüber hinaus Anteil nehmen an ihren großen Fragen. Dies schafft nicht nur eine Vertrauensbasis, sondern gibt auch Anlass, gemeinsam mit den Kindern die Eigenschaften Gottes hervorzuheben. In der Bibel sind dazu Aussagen zu finden, die von dem Gott der Liebe sprechen, sie „verschweigt aber auch nicht, daß dieser Gott der heilige, unnahbare Gott ist, dem der Mensch sich nur in heiliger Scheu nähern kann (vgl. Jes 6,1-6)"[218]. Damit wird Gott nicht nur als der „liebe Vater" dargestellt, der nicht mit dem Leid in der Welt in Verbindung gebracht werden darf, sondern – wie es im Alten Testament an vielen Stellen zu finden ist – auch die verdunkelte Seite unseres Gottes. Es wird dadurch eine Basis geschaffen, mit dessen Hilfe das Kind zukünftige Leiderfahrungen aushalten resp. bestehen kann und die „Warum-Frage" nicht zur Lossagung von Gott führt. In diesem Zusammenhang ist erneut zu akzentuieren, dass Eltern, Erzieher und Lehrer keine Apologieversuche oder Schuldzuweisungen vornehmen sollten. „Sagen wir ihnen statt dessen: ‚Ich weiß auch nicht, warum Gott nicht besser aufgepasst hat, warum er nicht eingreift, warum er Menschen leiden lässt?' Wir sollten freilich auch, wenn der Glaube uns dazu ermuntert, hinzufügen: ‚Dennoch glaube ich, dass Gott uns auch im Leid noch nahe ist, dass er uns nicht vergisst.'"[219] Damit schenken wir dem Kind Zuversicht, dass Gott uns in unserem Leid nicht allein lässt und uns die Kraft gibt, durchzuhalten. Die Angst davor, mit der erklärten Unwissenheit die Kinder zu enttäuschen und nicht mehr als Vorbild zu agieren, ist unbegründet. Erfährt das Kind in seinem Leid Anteilnahme von seinen engsten Bezugspersonen und interpretiert seine Leidenserfahrungen nicht als Strafe Gottes aufgrund vorangegangener Sünden, kann sich ein tiefer Glaube entwickeln, der hilft, mit dem Leid leben zu lernen und dabei auf Gott zu vertrauen.

3.4 Seelsorge, Psychologie und Glaube

Ein Aspekt, der bei der Diskussion um mögliche Hilfestellungen für das Bestehen im Leid noch nicht eruiert wurde, ist das in diesem Kontext be-

---

[217] Korczak, Janusz, Wie man ein Kind lieben soll, Göttingen ⁴1989, 197f.
[218] Sauer, Kinder fragen nach dem Leid, 79.
[219] Sauer, Neue Glaubenswege erschließen, 121.

deutsame Verhältnis von Psychologie, Seelsorge und Glaube. Diese Perspektive ist besonders im Hinblick auf die bereits dargestellten Leidenserfahrungen der Kinder, wie körperlicher und sexueller Missbrauch, Krankheit und Tod und den unterschiedlichen Formen der Schulängste, von elementarer Bedeutung. Es geht nicht darum, einen ausführlichen Einblick in die diversen Therapiemodelle der Psychologie zu geben, sondern das Zusammenwirken von Theologie und Psychologie zu begründen und daraus Hilfen zum Umgang mit leiderfahrenen Kindern zu entwickeln, um diesen Schülern adäquat begegnen zu können.

„Besonders hilfreich ist zur Begründung des Dialogs zwischen Theologie und Psychologie die Feststellung des *I. und II. Vatikanischen Konzils*, daß es niemals einen echten Konflikt zwischen der Wahrheit der irdischen Wirklichkeit, zu denen die Psychologie zählt, und der Wahrheit des Glaubens geben kann, ,*weil die Wirklichkeiten des profanen Bereichs und die des Glaubens in demselben Gott ihren Ursprung haben*'".[220] Um die Kooperation von Theologie und Psychologie zu bewirken, müssen die psychologisch diagnostizierten Lebenskrisen der Menschen mit den zentralen Symbolen des christlichen Glaubens assoziiert werden.[221] Es stellt sich die Frage, ob der Religionslehrer angesichts dieser umfassenden Aufgabe der Psychotherapie das notwendige Expertenwissen vorweisen kann, um dem Kind in seiner Situation adäquat helfen zu können. Ein Rückgriff auf professionelle Spezialisten und deren Unterstützung bietet mehr Möglichkeiten, um diesem Anspruch gerecht zu werden. Oftmals ist eine spezielle Therapie notwendig,

---

[220] Baumgartner, Isidor, Pastoralpsychologie. Einführung in die Praxis heilender Seelsorge, Düsseldorf 1990, 63 – Herv. im Original.

[221] Vgl. Baumgartner, Pastoralpsychologie 69. – In dem Wörterbuch der Religionspsychologie wurde ein Beispiel einer möglichen Kooperation zwischen Psychotherapie und Seelsorge aufgeführt: „So wird z.B. ein krebskranker Mensch neben der medizinischen Hilfe einerseits eine psychotherapeutische Unterstützung zum Umgang mit seinen Ängsten, Schmerzen und Sorgen erbitten, zum anderen aber auch nach einer Seelsorge verlangen, die ihm hilft, sich mit Fragen des Sinns seiner Erkrankung, mit Sterben und Tod auseinanderzusetzen. In solchen Fällen wird es sinnvoll sein, wenn die psychotherapeutisch und seelsorglich Tätigen sich untereinander austauschen und voneinander lernen, welche konkreten Hilfsangebote die jeweils andere Person zur Verfügung stellen kann." Dunde, Siegfried Rudolf, Psychotherapie, in: ders (Hg.), Wörterbuch der Religionspsychologie, Gütersloh 1993, 219-227, hier 224. – Dieses kann auch im übertragenen Sinn für den Religionslehrer gelten, der durch sein Mitwirken den Hilfesuchenden unterstützen kann.

um dem Kind bei der Bewältigung einer Lebenskrise zu helfen.[222] In diesem Zusammenhang muss auch auf das Handlungsfeld der Schulseelsorge verwiesen werden, die nicht nur für die Schüler, sondern auch für die Lehrer tätig ist. Die Beratungsarbeit der Schulseelsorge unterscheidet sich vom Psychotherapeuten, da sie in diesem Sinne keine „Sprechstunden" hat und die Gespräche miteinander eher zufällig entstehen, wie bspw. auf dem Flur oder während der Pause. „Bei besserem Zuhören verbirgt sich hinter den Anfragen oft eine größere Problematik. Dies kann dann in weiteren, verabredeten Gesprächen oder in eine längere Begleitung münden."[223]

Jedoch darf auch der Religionslehrer angesichts der Anforderungen nicht resignieren und die Probleme der Schüler ignorieren, um sich vor unkalkulierbaren Fehlleistungen zu schützen. In der individuellen Beziehung zum Schüler ist es *seine* Aufgabe, Seelsorger zu sein und mit der Vermittlung des christlichen Glaubens dort weiterzuhelfen, wo die Psychotherapie an ihre Grenzen stößt. „Eine solche Religionspädagogik sieht sich genötigt, Individuum und Gesellschaft, individuelle Prozesse und institutionelle Bedingungen (Familie, Schule, Kirche), Entwicklung und Sozialisation, Lebenslauf und Lebensalltag, zusammenzunehmen, um der komplexen Wirklichkeit gerecht zu werden, in der (religions)pädagogisch gehandelt werden muß."[224] Um diesen Anspruch erfüllen zu können, sollen zunächst die Denkmodelle renommierter Wissenschaftler zum Konzept der psychologischen Entwicklungsstufen Berücksichtigung finden.

---

[222] An dieser Stelle soll auf die diversen psychotherapeutischen Maßnahmen, die in aktuellen Traumasituationen hilfreich sein können, verwiesen werden, wie etwa das Handlungskonzept TZI (Themenzentrierte Interaktion) entwickelt von Ruth Cohn, die klientenzentrierte Gesprächspsychotherapie nach C. R. Rogers, bei der es u. a. um die Verbalisierung emotionaler Erlebnisinhalte geht oder die Logotherapie nach V. E. Frankl, als eine sinn- und wertorientierte Therapie vom Geistigen her.

[223] Dam, Harmjan, Schulseelsorge, in: Bitter, Gottfried / Englert, Rudolf / Miller, Gabriele / Nipkow, Karl Ernst (Hg.) Neues Handbuch religionspädagogischer Grundbegriffe, München 2002, 358-361, hier 361.

[224] Nipkow, Karl Ernst / Schweitzer, Friedrich / Fowler, James W. (Hg.), Glaubensentwicklung und Erziehung, Gütersloh 1988, 11.

3.5 Entwicklungspsychologische Perspektiven
3.5.1 Das Stufenmodell nach Jean Piaget

In seiner Theorie von der geistigen Entwicklung des Kindes hat J. Piaget fünf Stadien unterschieden, in der sich das Kind entsprechend seinem Alter befindet: Sensumotorische Intelligenz (0-2 Jahre), vorbegrifflich-symbolisches Denken (2-4 Jahre), anschauliches Denken (4-7 Jahre), Stadium der konkreten Operationen (7-12 Jahre) und das Stadium der formalen Operationen (ab 12 Jahre).[225]

Im Hinblick auf die Zielsetzung dieser Arbeit, möchte ich mich schwerpunktmäßig mit dem Stadium der konkreten Operationen befassen, da sich die Kinder in der Primarstufe gemäß ihres Alters in dieser Phase befinden. Darüber hinaus soll die Etappe des anschaulichen Denkens als Übergang zum Stadium der konkreten Operationen berücksichtigt werden, denn nach der Erkenntnis Piagets geht jedes Stadium aus dem anderen hervor und bereitet das Nachfolgende vor.

Während der zweiten Übergangsperiode, beginnt das Kind im Schulalter durch die Sprache seinem Denken Ausdruck zu geben. „Mit Hilfe der Sprache und anderer Symbole erweitern Kinder ihre Erfahrungen und bauen ihre Fähigkeit zur Generalisierung geistiger Erfahrungen aus."[226] Verschiedene Aufgaben können dabei nicht gleichzeitig gelöst werden, es bedarf der Konzentration auf ein Problem. Bis zum Ende dieser Phase steht die „Straferwartung ... mit dem Glauben an automatische Strafe und immanente Gerechtigkeit im Zusammenhang", d. h., wenn das Kind „etwas Falsches getan hat, nimmt die immanente Gerechtigkeit ihren Lauf, indem es [= das Kind; d. Verf. d. Arbeit] sich selbst schuldig spricht"[227]. Diese Präsumtion ist besonders im Hinblick auf die bereits geschilderten Ängste vor dem strafenden Gott von Bedeutung, da sie die Straferwartungshaltung der Kinder erklärt. An dieser Stelle möchte ich an die von den Eltern und Erziehern induzierten Ängste vor dem strafenden Gott erinnern, die sie oftmals durch ihre unzeitgemäßen Äußerungen und Lebensweisheiten provozieren.

---

[225] Vgl. Rebell, Walter, Psychologisches Grundwissen für Theologen. Ein Handbuch, München ²1992, 54-56; Kohnstamm, Rita, Praktische Kinderpsychologie. Die ersten 7 Jahre. Eine Einführung für Eltern, Erzieher und Lehrer, Bern u. a. 1990, 192-200; Maier, Henry William, Drei Theorien der Kindheitsentwicklung, New York 1983, 54f.

[226] Maier, Drei Theorien der Kindheitsentwicklung, 75f.

[227] Maier, Drei Theorien der Kindheitsentwicklung, 84.

In dem Stadium der konkreten Operationen wird „das Denken zunehmend beweglicher und schneller", bezieht „sich jedoch weiterhin auf reale Gegenstände der Außenwelt" und demzufolge können „Abstraktionen ... noch nicht geleistet werden"[228]. Konkret bedeutet dies, dass die Kinder noch keine Vorstellungen zu dem abstrakten Begriff wie z.b. „Ungerechtigkeit" entwickeln können, sondern mit alltäglichen Beispielen (Vordrängeln beim Spielen, Bevorzugung beim Essen austeilen) an diesen Terminus herangeführt werden müssen. Es ist bei den auszuwählenden Unterrichtsmethoden zu berücksichtigen, dass das Kind in diesem Stadium nur begreifen kann, was es *hört, sieht und spürt*. Die Vermittlung der Inhalte muss handlungsgebunden bleiben und erst in den weiterführenden Schulen sind die erworbenen Handlungsschemata in abstrakte Denkstrukturen zu übertragen.

Im Alter von 7-12 Jahren hat das Kind Zusammenhänge als Operationen verinnerlicht, die ihm in diversen Situationen als Kanon von Verhaltensregeln dienen. Mit zunehmenden Alter werden auch Hypothesen aufgestellt, die das mögliche Ergebnis des Handelns präsentieren.[229] Darüber hinaus kann das Kind in einer Situation mehrere Aspekte berücksichtigen. „Es neigt dazu, mehrere Dimensionen eines Problems gleichzeitig in Betracht zu ziehen und diese Dimensionen zueinander in Beziehung zu setzen."[230]

Für unseren Zusammenhang ist die Sicht Piagets auf die Entwicklung der Moralität und der Sozialisation in diesem Stadium signifikant. Durch eine größere Partizipation an der sozialen Wirklichkeit löst sich das Kind ein Stück von der elterlichen Dominanz, und das Verhalten anderer Personen wird beobachtet und verglichen. „Schließlich ist ein wichtiger neuer Grad sozialen Verhaltens erreicht, wenn andere im Sinne ihrer sozialen Position verstanden werden."[231] Dieser Entwicklungsschritt ist die elementare Grundlage für die spätere Fähigkeit, die Gefühle und Einstellungen anderer Menschen verstehen und auch nachempfinden zu können. Empathiebereitschaft als ein charakteristisches Wesensmerkmal ist nicht nur als Voraussetzung für Partnerschaft und soziale Korrelation absolut relevant, sondern auch im Hinblick auf unsere Themenstellung substantiell.[232] „Das Bewußtsein des Kin-

---

[228] Rebell, Psychologisches Grundwissen für Theologen, 56.

[229] Vgl. Kohnstamm, Praktische Kinderpsychologie, 197f.

[230] Ginsburg, Herbert / Opper, Sylvia, Piagets Theorie der geistigen Entwicklung, Stuttgart 1975, 211.

[231] Maier, Drei Theorien der Kindheitsentwicklung, 95.

[232] Die Empathiebereitschaft tritt in unserer heutigen Spaß- und Konsumgesellschaft nur noch selten in Erscheinung, da das Leiden anderer Menschen als störender

des von sozialer Wechselseitigkeit und Gleichheit führt zu den Begriffen von Fairness und Gerechtigkeit. ... Eine Verletzung der Wechselseitigkeit scheint das schlimmste Vergehen zu sein. Lügen werden objektiv definiert. Eine Lüge ist um so schlimmer, je mehr mit ihr getäuscht und je mehr der wechselseitige Respekt verletzt wird."[233] Im Alter von etwa neun Jahren entfaltet sich demnach eine autonome Moral, die auf dem Gerechtigkeitsempfinden und weniger auf Straf- und Loberwartung basiert.[234] Da die Forschungen J. Piagets zur moralischen Entwicklung des Kindes als Fundament für die Untersuchungen Lawrence Kohlbergs dienten, sollen seine Ergebnisse im Folgenden eruiert werden.

3.5.2 Die moralische Entwicklung nach Lawrence Kohlberg

L. Kohlberg hat seine Theorie der moralischen Urteilsbildung in sechs Phasen eingeteilt, wobei jeweils zwei Phasen zusammen ein Stadium bilden. Da sich das Modell L. Kohlbergs als sehr komplex erweist, reicht es für unseren Zusammenhang aus, die einzelnen Stadien in einer Kurzbeschreibung zu charakterisieren und lediglich die ersten beiden Phasen differenzierter darzustellen: Das präkonventionelle Niveau (1. Stadium) gilt etwa bis zum Alter von zwölf Jahren. „Kinder bis zu diesem Alter begreifen Moral rein instrumentalisch: Gut ist, was belohnt wird, schlecht, was bestraft wird (Stufe 1), bzw. gut ist, was mir und gelegentlich auch anderen nutzt (Stufe 2)."[235] Deshalb wird in Stufe 1 nach dem einfachen Prinzip von Strafe und Gehorsam gehandelt resp. argumentiert, in Stufe 2 erfolgt die Beurteilung einer Handlung nach einem naiven instrumentellen Hedonismus. Dieses hängt vor allem mit der sozialen Perspektive zusammen: In Stufe 1 ist diese egozentrisch, d. h. die Interessen anderer Personen werden nicht bedacht, die Intentionen von Handlungen bleiben bei deren Beurteilung unberücksichtigt, le-

---

und unbequemer Faktor in der gesicherten und komfortablen Existenz wahrgenommen wird. Mögliche Folgen sind erschreckend: „Wer ... nicht leiden kann, der kann auch nicht lieben; denn Leiden und Lieben hängen unlösbar zusammen" und als Folge dessen „produzieren" die Kinder und Jugendlichen „auch fremdes Leid, ohne daß damit bei ihnen ein Schuldbewußtsein ausgelöst wird". Sauer, Ralph, Gott – lieb und gerecht? Junge Menschen fragen nach dem Leid, Freiburg im Breisgau 1991, 14f.

[233] Maier, Drei Theorien der Kindheitsentwicklung, 96.

[234] Vgl. Mertens, Wolfgang, Gewissen, in: Dunde, Siegfried Rudolf (Hg.), Wörterbuch der Religionspsychologie, Gütersloh 1993, 142-149, hier 143.

[235] Mertens, Gewissen, 143.

diglich die Ergebnisse einer Handlung sind entscheidend für die Feststellung, ob etwas gut oder schlecht war. Stufe 2 spiegelt die konkret individualistische Perspektive wider: Es werden nicht nur die verschiedenen Interessen erkannt, sondern auch der sich dadurch entwickelnde Konflikt.[236]

„Auf dem konventionellen Niveau ... wird als moralisch gutes Handeln dasjenige betrachtet, das in der eigenen Gruppe (Stufe 3) bzw. in der eigenen Gesellschaft (Stufe 4) als gut gilt."[237] Das postkonventionelle Niveau enthält in Stufe fünf die Einsicht, dass die universalen menschlichen Werte über der sozialen Norm stehen und die derzeit gültigen Normen daraufhin hinterfragt werden müssen. In der sechsten Phase, die die wenigsten Menschen erreichen, finden universelle ethische Prinzipien Berücksichtigung, d. h. es „entsteht schließlich das Bewußtsein der eigenen Verantwortung bei der Entscheidung, an welche Regeln man sich halten will und an welche nicht"[238].
L. Kohlberg nahm diese Differenzierungen vor, indem er Kindern und Erwachsenen moralische Konfliktsituationen darbot[239] und die Lösungsvorschläge der Versuchspersonen nach ihrer Argumentationsstruktur untersuchte, um daraufhin die einzelnen Stadien zu definieren. Sobald eine Phase durchlaufen ist, erreicht das Kind die darauf folgende. Keine Phase kann ausgelassen oder übersprungen werden. Als Konsequenz für die Erziehung ergibt sich daraus, dass sich die Dilemmata gezielt als pädagogische Mittel einsetzen lassen, um kognitive Konflikte geplant hervorrufen zu können und damit das moralische Urteil zu erhöhen resp. eine neue Phase der Moralentwicklung zu erreichen.[240]

Den Zusammenhang zwischen der moralischen und der religiösen Entwicklung erklärt Kohlberg wie folgt: „Er vertrat die Auffassung, daß die moralische Entwicklung in gewissem Sinne in der religiösen Einsicht kulminiert, die er dann als eine metaphorische ‚Stufe 7' der Moralentwicklung erläuterte. Seine erklärte Absicht bei der Beschreibung einer siebten Stufe war es zu verdeutlichen, daß die moralischen Prinzipien der Stufe 6 zwar den Höhepunkt der moralischen Entwicklung darstellen, daß sie jedoch nicht in der Lage sind, so grundlegende Probleme wie das des Leidens Unschuldiger

---

[236] Vgl. Schweitzer, Friedrich, Lebensgeschichte und Religion. Religiöse Entwicklung und Erziehung im Kindes- und Jugendalter, Gütersloh ⁴1999, 115.

[237] Mertens, Gewissen, 143.

[238] Kohnstamm, Praktische Kinderpsychologie, 126.

[239] Gemeint ist das „Heinz-Dilemma". Nachzulesen in: Kohlberg, Lawrence, Die Psychologie der Moralentwicklung, Frankfurt 1995.

[240] Vgl. Kohnstamm, Praktische Kinderpsychologie, 126.

zu lösen."²⁴¹ Diesen Standpunkt halte ich deshalb für fraglich, weil L. Kohlberg betont, dass lediglich 25% der Bevölkerung die postkonventionelle Phase erreichen und damit nur wenige befähigt sind, dieses Problem zu lösen. Ferner muss aufgrund unserer vorangegangenen Ergebnisse dieser Ausarbeitung berücksichtigt werden, dass das Leiden oftmals nicht logisch mit unserem Verstand erklärt werden kann, da wir dort an unüberwindbare Grenzen stoßen. Das Leiden bleibt ein Teil der Unerklärbarkeit Gottes und kann auch nicht – wie L. Kohlberg es für die Stufe 7 beanspruchte – gelöst werden. Die Auffassung L. Kohlbergs, „daß sich ein *Bereich der religiösen Entwicklung* identifizieren läßt, der mit anderen kognitiven oder moralischen Bereichen verbunden ist, der jedoch durch *eigene Probleme und Erfahrungen* sowie eine *eigene Denkweise* definiert werden kann" und „die moralische Entwicklung eine notwendige, aber nicht hinreichende Bedingung für die religiöse Entwicklung darstellt"²⁴², erscheint durchaus plausibel.

Um die Darstellung von der Denkentwicklung des Kindes zu komplettieren, muss die Analyse der religiösen Entwicklungslogik ergänzend veranschaulicht werden. Dabei soll das Stufenkonzept der religiösen Entwicklung nach F. Oser / P. Gmünder im Besonderen Berücksichtigung finden.

3.5.3 Die Stufen des religiösen Urteils nach Fritz Oser und Paul Gmünder

Auch F. Oser und P. Gmünder haben in Anlehnung an L. Kohlberg verschiedene Stufen der religiösen Entwicklung ausgearbeitet. Dabei haben sie Kindern, Jugendlichen und Erwachsenen ebenfalls verschiedene Dilemma-Geschichten vorgelegt. Bei den Untersuchungen hat sich vor allem das Paul-Dilemma²⁴³ besonders bewährt. „Anhand dieser Geschichte wird dann ein Interviewgespräch geführt, in dem es insbesondere um das von Paul gegebene Versprechen geht: ‚Soll Paul sein Versprechen an Gott halten? Warum oder warum nicht?' Mit Hilfe weiterer Fragen und Nachfragen wird dann das

---

[241] Power, Clark, Harte oder weiche Stufen der Entwicklung des Glaubens und des religiösen Urteils? Eine Piagetsche Kritik, in: Nipkow, Karl Ernst / Schweitzer, Friedrich / Fowler, James W. (Hg.), Glaubensentwicklung und Erziehung, Gütersloh 1988, 108-123, hier: 119. – Herv. im Original.

[242] Power, Harte oder weiche Stufen der Entwicklung des Glaubens und des religiösen Urteils?, 120. – Herv. im Original.

[243] Nachzulesen in: Oser / Gmünder, Der Mensch – Stufen seiner religiösen Entwicklung, 130f.

Verständnis von Gott, Mensch und Wirklichkeit erhoben."[244] Die Einfügung religiöser Inhalte und Aussagen in die Dilemma-Geschichten dieser Untersuchungen scheint notwendig, um die Versuchspersonen zu religiösen Urteilen zu bewegen.[245] Für F. Oser und P. Gmünder ist die Erforschung der Tiefenstruktur des religiösen Urteils von fundamentaler Bedeutung, wobei die Tatsache, ob die Probanden positiv oder negativ von Gott sprechen oder generell nicht an Gott glauben in diesem Zusammenhang irrelevant ist. „Es geht ihnen darum, wie eine Person ihr Verhältnis zu Gott oder ... zum Letztgültigen oder Ultimaten auffaßt und bestimmt."[246] Die zentrale Frage des Menschen in Bezug auf das religiöse Urteil spiegelt sich in den Reflexionen über das Woher und Wohin wider. Die bereits vorgestellten Entwicklungsmodelle von J. Piaget und L. Kohlberg und den darin angenommenen Denkstrukturen lassen eine Beantwortung der Sinn-Frage resp. der Frage nach dem absolut Gültigen nicht hinreichend zu, da diese Fragestellung nicht rein rational, kognitiv oder moralisch zu verstehen ist. „Sie vertreten die These, daß es eine Form von Rationalität gibt, die eine Höherentwicklung, nicht aber eine Ablösung von Religion durch Rationalität bedeutet. Statt dessen führe die religiöse Entwicklung zu einer immer angemesseneren Integration von Religion ‚in eine kommunikative Wirklichkeit'."[247] Um diese religiöse Entwicklung resp. die Entwicklung des religiösen Urteils darzustellen, bedienten sich F. Oser und P. Gmünder der Veranschaulichung durch die fünfteilige Stufenfolge des religiösen Bewusstseins:

„Stufe 1: Sicht einseitiger Macht und Autorität des Ultimaten (Deus ex machina)

Stufe 2: Sicht der Beeinflußbarkeit alles Ultimaten durch Riten, Erfüllungen, Gebete usw. Erste Subjektivität (Do ut des)

Stufe 3: Autonomie der Person durch Abtrennung des Ultimaten vom genuin humanen Berech (Deismus)

Stufe 4: Autonomie der Person durch Annahme apriorischer Voraussetzungen aller menschlichen Möglichkeiten durch Ultimates (Apriorität)

---

[244] Schweitzer, Lebensgeschichte und Religion, 122.
[245] Vgl. Oser / Gmünder, Der Mensch – Stufen seiner religiösen Entwicklung, 128.
[246] Schweitzer, Lebensgeschichte und Religion 123 – F. Oser / P. Gmünder verwenden die Begriffe Letztgültiges oder Ultimates synonym und damit ist der von Jesus geoffenbarte Gott gemeint.
[247] Schweitzer, Lebensgeschichte und Religion, 124.

Stufe 5: Sicht einer kommunikativ-religiösen Praxis, in der Ultimates in jedem Handeln Voraussetzung und Sinngebung bildet. Höchste menschliche Autonomie (Kommunikativität)."[248]

Da die 1. und 2. Stufe des religiösen Entwicklungsprozesses dem Alter entsprechend in der Primarstufe vorzufinden ist, sollen die essentiellen Elemente dieser Entwicklungsstufen nachgezeichnet werden, damit eine Berücksichtigung bei der Konzeption des Unterrichts gewährleistet werden kann.

In Stufe 1 werden die Handlungsmöglichkeiten des Menschen eher gering eingeschätzt. Demgegenüber steht das Handeln Gottes im Mittelpunkt und somit sind die Möglichkeiten der Menschen begrenzt: Er kann lediglich auf diese Kräfte reagieren. Darüber hinaus wird Leid und Schicksal als Bestrafung Gottes für vorangegangene Sünden gedeutet.[249] Argumentiert das Kind entsprechend der Stufe 2, so sieht es einen größeren Spielraum für die Handlungsmöglichkeiten des Menschen und damit auch bessere Chancen, auf das Handeln Gottes positiv oder negativ einzuwirken. „Die Beziehung zwischen Gott und Mensch hat zwei Seiten und wird von beiden Seiten her aktiv gestaltet. Es bleibt aber bei einer Art Handelsbeziehung, die auf wechselseitigem Wohlverhalten beruht."[250] Insbesondere das Begründungssystem in Stufe 1 sowie die noch nicht ausgeprägte Fähigkeit, Abstraktionen leisten zu können, veranlasst dazu, den Begriff „Sünde" mit der Formulierung „die Freundschaft mit Gott brechen" zu paraphrasieren, da sonst durch den Gebrauch dieses Wortes Irrtümer entstehen können. „Fast immer wird es primär und ausschließlich in einem moralischen Sinne verstanden (,Sünde ist, wenn einer silberne Löffel klaut'). Gerade das versteht die Bibel aber nicht als den Kern der Sünde. ... Wenn es uns gelingt, die Gute Nachricht so zu präsentieren, daß es empfinden kann, wie die ,Sünde' des Menschen Gott und Jesus buchstäblich das Herz gebrochen hat, erreichen wir viel mehr, als wenn wir ihm einfach das ,ABC' des Evangeliums ... beibringen."[251]

Mit der skizzenhaften Darstellung der verschiedenen Entwicklungsmodelle und den sich daraus ergebenden religionspädagogischen Konsequenzen haben wird eine Basis für die folgenden Überlegungen zur Umsetzung der Thematik in der Primarstufe geschaffen. Sicherlich ließen sich noch weitere

---

[248] Oser / Gmünder, Der Mensch – Stufen seiner religiösen Entwicklung, 87f.

[249] Vgl. Oser / Gmünder, Der Mensch – Stufen seiner religiösen Entwicklung, 89f.

[250] Schweitzer, Lebensgeschichte und Religion, 127.

[251] Bridger, Francis, Wie Kinder glauben. Entwicklungsschritte und Glaubensschritte. Wachstum ohne Manipulation, Marienheide ²1996, 62.

Entwicklungsmodelle wie z. B. die Stufentheorie von J. W. Fowler, die Persönlichkeitsentwicklung nach E. Erikson oder die Entwicklung der religiösen Gesinnung nach R. Oerter berücksichtigen, jedoch würde dies den Rahmen dieser Arbeit überschreiten. Somit wende ich mich nun den unterrichtspraktischen Möglichkeiten zur Umsetzung der Leidensproblematik in der Primarstufe zu.

4 Die Theodizeeproblematik im Religionsunterricht der Primarstufe

4.1 Vorgaben der Rahmenrichtlinien für das Fach Katholische Religion in der Primarstufe

Um ein Grundmuster für den Religionsunterricht zu schaffen, in welchem transparente Lernzusammenhänge ersichtlich sind, wurden in den Rahmenrichtlinien des niedersächsischen Kultusministeriums im Fach Katholische Religion aus dem Jahre 1982 Themenfelder aufgestellt, die ein Mindestkontingent an Lernzielen und Unterrichtsinhalten präsentieren und diverse Teilthemen miteinander verbinden. Allgemein beziehen sich diese Lehr- resp. Lernziele entweder „auf das angestrebte Ergebnis eines Lernprozesses im Rahmen religiöser Vermittlung" oder beschreiben „Handlungsziele religiöser Erzieher ... und stehen dann im Zusammenhang mit deren handlungsleitenden Interessen, Absichten und Motivationen"[252]. Die operationale Überprüfbarkeit resp. Messbarkeit von Lernzielen, wie sie bspw. im naturwissenschaftlichen Fächern durch Abfragen von auswendig gelerntem Formeln oder Sätzen angewandt wird, ist für den Religionsunterricht obsolet, da die religiösen Lernprozesse eher langfristig und komplex angelegt sind.[253] Insbesondere die allgemeine Programmatik des Katholischen Religionsunterrichts, wie sie in den Rahmenrichtlinien für die Grundschule formuliert sind, akzentuiert diesen dauerhaften Lernprozess als integrierenden Bestandteil der Entwicklung des Kindes.

Folgende Intentionen des Katholischen Religionsunterrichts sind vor allem für die Thematik dieser Arbeit von Bedeutung: „Der Religionsunterricht vermittelt den Schülern eine Orientierungshilfe zur Glaubensentscheidung und zur Lebensführung, dient ihrer Identitätsstärkung und motiviert sie zu kritischem Einsatz für die Gesellschaft. ... Der Religionsunterricht weckt und reflektiert die Frage nach Gott, nach der Deutung der Welt, nach dem Sinn

---

[252] Hemel, Ulrich, Ziele religiöser Lernprozesse, in: Bitter, Gottfried / Miller, Gabriele (Hg.), Handbuch religionspädagogischer Grundbegriffe, Band 2, München 1986, 488-494, hier 488.

[253] Vgl. Hemel, Ziele religiöser Lernprozesse 490. Dazu formuliert der Kultusminister: „Schülern, die suchen oder mit dem christlichen Glauben noch wenig in Berührung gekommen sind, bietet er die Möglichkeit, die Antworten der Kirche auf seine Fragen kennenzulernen und sich mit ihnen auseinanderzusetzen. Dabei geht es im Religionsunterricht nicht nur um Erkenntnis und Wissen, sondern ebenso um Verhalten und Haltung." Niedersächsischer Kultusminister, Rahmenrichtlinien für die Grundschule Katholische Religion, Hannover 1982, 4.

und Wert des Lebens und nach Normen für das Handeln des Menschen und ermöglicht eine Antwort aus der Offenbarung und aus dem Glauben der Kirche."[254]

Wie ich in den vorangegangenen Überlegungen zur geistigen Entwicklung des Kindes festgestellt habe, erklärt sich das Kind mit zunehmenden Alter das widerfahrene Leid in einem „Tun-Ergehen-Kausalzusammenhang", das auch in der Frage nach der Rechtfertigung Gottes angesichts des Leids relevant ist. Bereits in der Grundschule muss diesem weit verbreiteten Lösungsansatz entgegengewirkt und statt dessen die unbedingte Liebe Gottes hervorgehoben werden. Den Kindern muss „das fatale Gefühl" genommen werden, „als hätten sie besonders schwere Schuld auf sich geladen und müssten jetzt dafür mit ihren Schmerzen büßen"[255].

In den Ausführungen der Rahmenrichtlinien soll bereits im 1. und 2. Schuljahr mit dem 9. Themenfeld „Gott sorgt für sein Volk" eine Basis geschaffen werden, die für eine spätere Behandlung der Leidproblematik essentiell ist. Durch die Begegnung mit dem Exodus des Volkes Israel sollen die Schüler eine Gottesvorstellung gewinnen, die den fürsorgenden Gott projiziert. „Israel ... hat sich auf seinen Gott vertrauensvoll eingelassen. Diese Haltung des gläubigen Sicheinlassens auf den führenden, wegweisenden, helfenden Gott kann hier angebahnt werden."[256] Solch eine tragfähige Gottesvorstellung ist ein fundamentales Element für die Bearbeitung des Theodizeeproblems in angemessener Form. Die Kinder sollen dadurch gestärkt werden, um nicht am Leid zu zerbrechen, sondern weiter auf Gott zu vertrauen.

Im 3. und 10. Themenfeld des 3. und 4. Schuljahres sehen die Rahmenrichtlinien mit dem Titel „Es gibt viel Leid in der Welt – Gott schenkt Hoff-

---

[254] Niedersächsischer Kultusminister, Rahmenrichtlinien für die Grundschule Katholische Religion, 4.

[255] Sauer, Neue Glaubenswege erschließen, 119. – „Die gesamte Existenz Jesu ... ist Bezeugung und Darstellung der unbedingten Liebe Gottes, der darin als der erkannt wird, der – eben in Jesus – radikal mitleidet und so versöhnt und rettet" und mit diesem Gottesverständnis „wird die Vorstellung überwunden, ein beleidigter und erzürnter Gott müsse durch leidvolle Sühneleistungen wieder gnädig gestimmt werden; diese immer noch verbreitete Auffassung vergiftet das Gottesverhältnis". Raske, Michael, Leiden, in: Bitter, Gottfried / Miller, Gabriele (Hg.), Handbuch religionspädagogischer Grundbegriffe, 403-406, hier 404.

[256] Niedersächsischer Kultusminister, Rahmenrichtlinien für die Grundschule Katholische Religion, 16.

nung" eine Bearbeitung der Theodizeeproblematik vor.[257] Als religionspädagogische Begründung für das Thema wird zunächst darauf verwiesen, dass Kinder nicht nur selber Leid erfahren, sondern auch anderen Menschen Leid zufügen können, auch wenn sie dieses unreflektiert und nicht vorsätzlich verursachen.[258] „Wenn Schüler mit Not, Krankheit oder Tod in ihrer Umgebung konfrontiert werden, sind sie betroffen und beginnen zu fragen. Einige Schüler sind möglicherweise schon selbst existentiell mit Leid in Berührung gekommen. Ihnen kann bewußt gemacht werden, daß alle Menschen Leid erfahren und sich damit auseinandersetzen müssen."[259] Damit soll unter anderem die Sensibilität der Schüler für Not- und Leidsituationen im eigenen Leben und im Leben anderer Menschen unterstützt werden. Da in dem Kapitel 3.5.1 dieser Ausarbeitung bereits darauf verwiesen wurde, dass es den Kindern und Jugendlichen an Empathiebereitschaft mangelt und diese nicht vorausgesetzt werden darf, ist die Förderung der Anteilnahme und Sensibilität von elementarer Bedeutung, um sie auf den Weg des verantwortungsbewussten Umgangs mit dem Leid führen zu können. Die soziale Verantwortung, die wir Christen in der Nachfolge Jesu gegenüber Menschen in Not haben, kann auf diese Weise vermittelt werden.

Im 3. Themenfeld wird des Weiteren auf die Menschen in der Bibel verwiesen, die erlebt haben, „dass Gott sie in ihrem Leid nicht allein gelassen hat" und sie deshalb „ihre Not im Vertrauen auf Gott tragen"[260] konnten. Dabei wird speziell auf Jesus Christus Bezug genommen, der sein Leid im Vertrauen auf Gott überwunden hat. Die Passionsgeschichte ist der Grund für die Hoffnung auf ein Leben nach dem Tod. Eine besondere Bedeutung erhalten somit die hoffnungsgebenden Perikopen aus dem Leben Jesu. „Passion und Auferweckung Jesu sind wesentlicher Teil der Heilsbotschaft und Ausdruck, daß Gottes Heilshandeln alles umfaßt, dem Menschen in seinen tiefsten existentiellen Nöten Trost und Hoffnung zu geben vermag und selbst den Tod überwindet."[261]

---

[257] Vgl. Niedersächsischer Kultusminister, Rahmenrichtlinien für die Grundschule Katholische Religion, 20.

[258] Vgl. dazu auch: Sauer, Neue Glaubenswege erschließen, 109.

[259] Niedersächsischer Kultusminister, Rahmenrichtlinien für die Grundschule Katholische Religion, 20.

[260] Niedersächsischer Kultusminister, Rahmenrichtlinien für die Grundschule Katholische Religion, 20.

[261] Niedersächsischer Kultusminister, Rahmenrichtlinien für die Grundschule Katholische Religion, 21.

In der Begründung für das 10. Themenfeld des 3. und 4. Schuljahres sind die verbindlichen Ziele und Intentionen der Unterrichtseinheit bereits indirekt formuliert worden. Resümierend für die Zielformulierung dieses Lernprozesses ist folgendes festzuhalten: Die Schüler sollen realisieren, dass durch die christliche Nächstenliebe eine Hilfe für das Bestehen im Leid gegeben ist und „daß Christen mit dem Leid leben können, weil Jesus Christus das Leid auf sich genommen hat; denn wie er durch das Kreuz zur Auferstehung gelangt ist, so wird jeder Mensch, wird die ganze Schöpfung einmal in Christus erneuert und vollendet werden"[262].

4.2 Vorgaben des Grundlagenplans für den katholischen Religionsunterricht in der Grundschule

Der Grundlagenplan für den katholischen Religionsunterricht in der Grundschule versteht sich als Informationshilfe und didaktischer Fundus, um den Glauben angesichts der Lebenserfahrungen der Kinder transparent zu machen und im Vertrauen auf Gott das eigene Leben zu verstehen.[263] In seinem Aufbau nennt der Grundlagenplan zunächst sieben fächerübergreifende Qualifikationen, die dem Kind bei den Entwicklungsaufgaben „Vertrauen in die Welt und in ihre Lebensgeschichte zu gewinnen" und „Mut zur Liebe zu entwickeln"[264] hilfreich sind. Dabei werden die Aufgaben und Beiträge des Religionsunterrichts für den Erwerb dieser zentralen Qualifikationen ausführlich dargestellt. In diversen Definitionen wird auf die Thematik der Theodizee und den damit verbundenen Reflexionen über das „Wozu" und „Wohin" des Lebens, der Empathiebereitschaft und den Erklärungsmustern eigener (Schicksals-) Erfahrungen zumindest indirekt hingewiesen.[265] Ferner formuliert der Grundlagenplan sieben Zieldimensionen, die mittels zweiundvierzig thematischen Schwerpunkten konkretisiert werden. In der ersten Zieldimension „Darum ermutigt der Religionsunterricht die Kinder, nach sich, nach dem Zusammenleben mit anderen, nach dem Woher und Wohin

---

[262] Niedersächsischer Kultusminister, Rahmenrichtlinien für die Grundschule Katholische Religion, 29.

[263] Zentralstelle der Deutschen Bischofskonferenz, Grundlagenplan für den katholischen Religionsunterricht in der Grundschule, München 1998, 7.

[264] Zentralstelle der Deutschen Bischofskonferenz, Grundlagenplan, 10.

[265] Vgl. Zentralstelle der Deutschen Bischofskonferenz, Grundlagenplan, 11-16. – Im Besonderen möchte ich hier auf die Begriffspaare „Fragen-Suchen", „Verstehen – Sich verständigen" sowie „Anteil nehmen – Miteinander leben" hinweisen.

ihres Lebens und in diesem Zusammenhang nach Gott zu fragen" findet sich der Themenschwerpunkt „Krankheiten und Leiden – Leben und Tod"[266] wieder. Damit sollen erste Vorbereitungen für eine Hinführung zum Thema Leid und der damit verbundenen Frage nach Gott getroffen werden. Auch wenn an dieser Stelle die Begriffe „Krankheit" und „Tod" akzentuiert werden, sind doch die Leidenserfahrungen der Kinder, wie bspw. Armut, Missbrauch, Mobbing sowie emotionale und physische Vernachlässigung von dieser Thematik nicht ausgeschlossen. Deshalb wurde durch Querverweise ein Kontinuum geschaffen, das auch diese Aspekte berücksichtigt. Gleichzeitig wird der Zusammenhang von Jesu Leiden und dem Leid der Menschen hergestellt. „Der Religionsunterricht ... macht bewußt, daß Sterben und Erneuern lebensnotwendige Prozesse sind. In der Vergegenwärtigung christlicher Bilder von Tod und Auferstehung können Kinder eigene Hoffnungsbilder entwickeln."[267] Damit richtet sich die Hoffnungsenergie nicht nur auf das Jenseits, sondern gibt auch dem Leidenden in der Gegenwart die Kraft, gegen das Leid zu kämpfen.

Der Verweis auf den Themenschwerpunkt „Menschen, die nicht an Gott glauben" der fünften Zieldimension ist in diesem Zusammenhang relevant, da es Menschen gibt, die auf der Suche nach dem Sinn ihrer Leidensgeschichte gescheitert sind oder deren Wunsch nach konkreten Antworten resp. profanem Wirken Gottes nicht erfüllt wurde und sie deshalb ihren Glauben an Gott aufgegeben haben. „Die damit verbundenen Anfechtungen können den Kindern nicht erspart werden. Es entspricht christlichem Verhalten, atheistische oder agnostische Weltsichten zu erkunden und zu respektieren."[268] In diesem Kontext ist meines Erachtens auch die Thematik „Die Suche nach Gott"[269] zu integrieren, auch wenn auf diesen Gesichtspunkt im Themenschwerpunkt „Krankheiten und Leiden – Leben und Tod" nicht explizit verwiesen wird, denn diese Themenstellung beugt einem falschen Verständnis von Gottes Allmacht vor und konkretisiert zugleich die Art des Wirkens Gottes in der Welt. „Fragen und Suchen nach Gott ist zugleich Inhalt und Bezugspunkt des gesamten Religionsunterrichts. ... Eigene Gottesvorstellungen bewußt zu machen und zu wecken, zu hinterfragen und weiterzuentwickeln, eine mögliche Ablehnung oder Annahme des Glaubens an

---

[266] Zentralstelle der Deutschen Bischofskonferenz, Grundlagenplan, 23.

[267] Zentralstelle der Deutschen Bischofskonferenz, Grundlagenplan, 27.

[268] Zentralstelle der Deutschen Bischofskonferenz, Grundlagenplan, 40f.

[269] Dies ist ebenfalls ein Aspekt der ersten Zieldimension. Vgl. Zentralstelle der Deutschen Bischofskonferenz, Grundlagenplan, 27f.

Gott zu bedenken, vom Gott der Bibel zu erzählen: Das sind Wege, die die Frage nach Gott nicht von der Frage nach dem Leben loslösen."[270]

Dem Grundlagenplan ist zu entnehmen, dass im dritten oder vierten Schuljahr eine angemessene und verantwortliche Behandlung des Themas „Leiden, Tod und Auferstehung" möglich ist.[271] Hinsichtlich dieser Einschätzung resp. Empfehlung gibt es kontroverse Positionen, die eine Thematisierung der Leidproblematik im Unterricht erst in der Sekundarstufe I befürworten. Dieser Gesichtspunkt soll nicht unberücksichtigt bleiben und deshalb werden im Folgenden diverse Standpunkte zu dem geeigneten Alter der Schüler diskutiert und in unsere bisherigen Erträge zur geistigen Entwicklung des Kindes, den Rahmenrichtlinien sowie dem Grundlagenplan integriert.

4.3 Zur Begründung und Notwendigkeit der Behandlung der Leidproblematik im Religionsunterricht der Primarstufe

Die Empfehlung, die Theodizeeproblematik erst in der Sekundarstufe I oder der gymnasialen Oberstufe zu behandeln, findet sich in diversen Abhandlungen wieder und wird mit der geistigen Entwicklung des Heranwachsenden begründet. „Angelehnt an die kognitiv-strukturellen Theorien zur religiösen Entwicklung, die die Entsprechungen zwischen lebensgeschichtlicher Entwicklung und religiöser (Glaubens-) Entwicklung aufzeigen, erscheint es wenig sinnvoll, schon in den Unterstufenklassen die Leidproblematik zu thematisieren. ... Erst im 9./10. Schuljahr sind am ehesten die Denkvoraussetzungen und die existentielle Betroffenheit vorhanden, die es erlauben, in reflektierter Weise die Fragen anzugehen, die sich aus der Tatsache des Leids in der Welt ergeben."[272]

Demgegenüber stehen nicht nur die Vorgaben der Rahmenrichtlinien und des Grundlagenplans für die Primarstufe, sondern auch die Notwendigkeit, die alltäglichen Leiderfahrungen der Kinder, wie sie in mannigfacher Gestalt in unserer pluralistischen Gesellschaft auftreten, nicht zu verdrängen, son-

---

[270] Zentralstelle der Deutschen Bischofskonferenz, Grundlagenplan, 27f.
[271] Vgl. Zentralstelle der Deutschen Bischofskonferenz, Grundlagenplan, 49.
[272] Schmitz, Simone, Die Theodizeefrage als religionspädagogische Herausforderung, in: Verweyen-Hackmann, Edith / Weber, Bernd (Hg.), Ein guter Gott, der leiden lässt? Materialien zur Bearbeitung der Theodizeefrage im Religionsunterricht der Sekundarstufe II, Kevelaer 2004, 14-21, hier 19. – Wenn eine Behandlung der Thematik für die Unterstufenklassen noch nicht empfehlenswert erscheint, so müsste demnach eine Thematisierung in der Primarstufe vollkommen ausgeschlossen werden.

dern Hilfen für die Annahme und das Bestehen im Leid zu geben. Immer noch vertreten viele Eltern, Erzieher und Lehrer die Auffassung, die Kinder möglichst lange vor der grausamen Brutalität der Wirklichkeit zu bewahren. Die Ursache für diesen Verdrängungsmechanismus liegt u. a. in der mangelnden Bereitschaft der Erwachsenen, eine Auseinandersetzung mit diesem Thema vorzunehmen und damit das eigene Wohlergehen gegebenenfalls zu gefährden.[273] Wie bereits in diversen Ausführungen dieser Arbeit akzentuiert wurde, ist jedoch die Konfrontation mit dem Leid sowie die Akzeptanz, dass die Not ein Bestandteil unserer Welt ist, die unbedingte Voraussetzung, um anderen im Leid beizustehen und zu helfen. „Damit soll keineswegs blinde Ergebenheit in das Leid gefördert werden, vielmehr muß der Grundschüler den Unterschied zwischen vermeidbarem und unvermeidbarem Leid erkennen, dann können auch in ihm Kräfte zur Beseitigung bzw. Linderung des Leidens freigesetzt werden. Zugleich muß er erfahren, daß dennoch Leid nicht auf Grund menschlicher Bemühungen endgültig aus der Welt geschafft werden kann."[274]

Aber auch die Feststellungen der Entwicklungspsychologie sind hilfreich, um die Thematisierung der Leidproblematik in der Primarstufe zu legitimieren.[275] Die Ergebnisse von Piaget belegen, dass die Kinder im Grundschulalter zwar noch nicht fähig sind, Abstraktionen zu leisten, dagegen jedoch in der Lage sind, eine Situation aus verschiedenen Perspektiven zu beurteilen und deshalb auch gegen Ende der Grundschulzeit die Reife besitzen, zwischen abwendbaren und unausweichlichem Leid zu unterscheiden sowie Menschen im Leid zu verstehen. Diese Auffassung korreliert mit der Feststellung Kohlbergs, dass Kinder in der Stufe 2 des präkonventionellen Niveaus (bis zum 12. Lebensjahr) verschiedene Interessen diverser Personen oder auch situative Momente einer Konstellation berücksichtigen können. Die Stufe 2 des religiösen Urteils nach F. Oser / P. Gmünder bestätigt, dass die Kinder bereits in diesem Alter die Beziehung zu Gott differenzierter wahrnehmen. Der Mensch hat demnach mehr Möglichkeiten das Unbedingte zu beeinflussen; die Beziehung zu Gott beruht auf korrelativem Wohlverhalten. Da Gott nicht mehr „Deus ex machina" ist, trägt auch der Mensch Verantwortung für das Geschehen in der Welt.[276]

---

[273] Vgl. Rose / Schreiner, „Vielleicht wollten sie ihm das nicht sagen", 115.
[274] Sauer, Ralph, Es gibt viel Leid in der Welt, München 1982, 4f.
[275] Vgl. dazu Kapitel 3.5.1 – 3.5.3 dieser Ausarbeitung.
[276] Vgl. Oser / Gmünder, Der Mensch – Stufen seiner religiösen Entwicklung, 91.

Diese Überlegungen sind zu ergänzen durch die grundlegende Erkenntnis, dass Kinder am Modell resp. an Vorbildern lernen. „Heranwachsende brauchen das Vorbild von Menschen, die sich mit eigenem und fremdem Leid authentisch und solidarisch auseinandergesetzt haben; sie brauchen Beispiele des Gerechtigkeitssinns, des Mutes, der Widerstandskraft, der Geduld und der Feindesliebe. Sie können sie finden in der Geschichte der Menschheit, in der biblischen Überlieferung, unter den Frauen und Männern in der Nachfolge Jesu."[277] Diesem Postulat kann und darf nicht erst in der Sekundarstufe I oder der gymnasialen Oberstufe entsprochen werden, denn dann lassen wir die Kinder mit ihren Fragen und Ängsten allein. Orientierungs-, Sinn- und Ziellosigkeit, möglicherweise in Assoziation mit religiösen Zweifeln resp. Glaubenszweifeln, sind mögliche Konsequenzen, wenn die bedeutsamen und existentiellen Kinderfragen hinsichtlich des Leidens unbeantwortet bleiben. Aus einer Studie des Thanatologen J. Wittkowski geht hervor, dass sich „das kindliche Todesverständnis ... *gerade* im Laufe der Grundschulzeit entscheidend" modifiziert und „dass die Begriffe, Vorstellungen und Bilder, auf die ein Kind mit etwa zehn Jahren zur Beschreibung und Erklärung des Todes zurückgreift, sich nicht mehr wesentlich von denen Erwachsener unterscheidet"[278].

Sicherlich kann der Religionsunterricht der Primarstufe das Thema Leid nur eingeschränkt behandeln. Der Schwerpunkt sollte dabei nicht auf der theoretischen und abstrakten Ebene liegen, auch wenn Leiderfahrungen in der Schule kaum darstellbar resp. emotional vermittelbar sind, mit der möglichen Ausnahme, dass Schüler unter Schulangst, Leistungsdruck und Mobbing leiden. Auf welche Art ein Gespräch über persönliche oder auch fremde Schicksale zum Anlass genommen werden kann, mit den Schülern der Grundschule die Leidproblematik zu thematisieren, soll Gegenstand der noch folgenden didaktisch-methodischen Überlegungen sein. In diesem Horizont muss allerdings die Frage nach der Elementarisierung berücksichtigt werden, um die Schüler gemäß ihrem Entwicklungsstand nicht zu überfordern und nach der bewährten Maxime „multum, non multa" theologische Inhalte im Medium der Lebenswirklichkeit auszuwählen.[279] „Was Element-

---

[277] Raske, Leiden, 406.

[278] Rose / Schreiner, „Vielleicht wollten sie ihm das nicht sagen", 116. – Herv. d. Verf. d. Arbeit.

[279] Vgl. Hollenstein, Helmut, Der schülerorientierte Bibelunterricht am Beispiel der Theodizeefrage, Aachen 1984, 10f.; Spiegel, Egon, „Lehramt Theologie – das Studium kannste vergessen!" Berufs-effizient elementarisieren. Ein hochschuldidaktischer Orientierungsrahmen, Kevelaer 2003, 16f; Nipkow, Karl Ernst, Ele-

arisierung im Blick auf die Theodizeefrage als Thema des Religionsunterrichts heißen kann, läßt sich unter drei Aspekten zusammenfassen: (1.) Die Explikation der Theodizeefrage geschieht im gegenwärtigen Frage- und Antworthorizont des Schülers. (2.) Das Erfahrungsfeld des Schülers, das die Theodizeeproblematik erschließt, ist im Dialog mit den Bezugswissenschaften zu strukturieren. (3.) Die Suche nach dem Elementaren ist mit der Frage nach dem Fundamentalen zu korrelieren."[280]

Bei den eben aufgeführten Bedingungen, die als elementare didaktische Voraussetzungen für einen wertvollen und fruchtbaren Religionsunterricht der Primarstufe zu beachten sind, müssen die soziokulturellen und individuellen Lebensbedingungen sowie die anthropogenen resp. intellektuellen Voraussetzungen der Schüler Beachtung finden.[281] H. Halbfas empfiehlt in diesem Kontext „die Rücksichtnahme auf Alter und Lebenssituation und lehnt jede Indoktrination ab"[282], um die Entwicklung der Schüler zu mündigen und selbst-bewussten Christen zu unterstützen.

Zusammenfassend ist zu konstatieren, dass die Leidproblematik in der Grundschule thematisiert werden *muss*, weil die Kinder *auch* in dieser Entwicklungsstufe mit eigenem und fremden Leid konfrontiert werden und ihre Fragen spätestens im Religionsunterricht Beachtung finden müssen.[283] „Heranwachsende brauchen die persönliche Nähe, die Erfahrung des Angenommenseins, seelsorglichen Rat, Erkenntnishilfe und praktischen Beistand."[284] Dabei muss zunächst dem fundamentalen Ziel, ein tragfähiges Gottesbild zu vermitteln, das Abstand nimmt von dem allmächtigen und profan wirkenden

---

mentarisierung, in: Bitter, Gottfried / Englert, Rudolf / Miller, Gabriele / Nipkow, Karl Ernst (Hg.), Neues Handbuch religionspädagogischer Grundbegriffe, München 2002, 451-456, hier 451f.

[280] Hollenstein, Der schülerorientierte Bibelunterricht 14. – Hollenstein erklärt den Begriff „Fundamental" in diesem Zusammenhang wie folgt: „Das angemessene Reden von Gott bzw. 'die Erfahrung der personalen Wirklichkeit Gottes', wie sie biblische Texte elementar in Sache, Form und Sprache repräsentieren, machen das Fundamentale des Biblischen Unterrichts aus." Hollenstein, Der schülerorientierte Bibelunterricht, 19.

[281] Vgl. Ritter, Leiden, 223.

[282] Marx-Markwort / Markwort, Durch Krisen wachsen, 9.

[283] Vgl. Halbfas, Hubertus, Religionsunterricht in der Grundschule. Lehrerhandbuch 4, Düsseldorf 1986, 172.

[284] Raske, Leiden, 405.

Gott, entsprochen werden.[285] „Es besteht die Chance, Kinder von der Vorstellung eines omnipotent eingreifenden Superman-Gottes allmählich abzubringen und sie vorsichtig zu dem Gedanken hinzuführen, daß Gottes mitleidende Liebe seine Stärke ist. ... Gottes Liebe als mitleidende und tröstende Liebe erscheint, so wie Jesus Christus durch sein Leiden mit allen Leidenden mitgelitten und sie getröstet hat."[286] Wie diese Umsetzung konkret möglich wird, soll im Folgenden an ausgewählten Beispielen dargestellt werden – ohne den Anspruch auf Vollständigkeit zu erheben.

4.4 Didaktisch-methodische Überlegungen

Um die Leidproblematik im Religionsunterricht zu erschließen, sind in der Literatur vielfältige methodische Hinweise und reichhaltiges Material zu verschiedenen Inhalten zu finden. Insbesondere die Methodenvielfalt und -abwechslung, sowie die Bemühungen, mittels der verschiedenen Methoden ein Lernen mit allen Sinnen anzuregen, erhalten einen besonderen Stellenwert im Unterricht. „Methodisch abwechslungsreicher Unterricht ist eine ‚conditio sine qua non' des schülerorientierten Unterrichts."[287] Exemplarisch sollen an dieser Stelle nur einige der probaten Methoden genannt werden: Partner- bzw. Gruppenarbeit, Einzel- oder Stillarbeit, Gesprächsmethoden, Methoden biblischer Texterschließung, Umgang mit Bildern, Liedern oder audiovisuellen Unterrichtsmedien. Bei der Auswahl muss berücksichtigt werden, dass die Inhalte mindestens auditiv, visuell und kinetisch erfahrbar zu machen sind, damit *alle* Kinder die Gelegenheit haben, das Thema zu erfassen.[288]

Um eine eindeutige Struktur und Übersichtlichkeit zu gewährleisten, erfolgt zunächst die Darstellung einzelner Themenblöcke, die mögliche Ge-

---

[285] Vgl. Dressler, Über die Sinnlosigkeit des Leidens, 17.

[286] Mokrosch, Kinder erfahren Leid und fragen nach Gott, 95.

[287] Marx-Markwort / Markwort, Durch Krisen wachsen 11. – An dieser Stelle soll der Hinweis auf diverse Methoden resp. Arbeitsformen genügen. Vgl. dazu auch Kurz, Helmut, Methoden/Methodik, in: Bitter, Gottfried / Miller, Gabriele (Hg.), Handbuch religionspädagogischer Grundbegriffe, München 1986, 477-481. Noch differenzierter wird auf die verschiedenen Formen der Religionsmethodik eingegangen in: Bitter, Gottfried / Englert, Rudolf / Miller, Gabriele / Nipkow, Karl Ernst (Hg.), Neues Handbuch religionspädagogischer Grundbegriffe, München 2002, 473-522.

[288] Vgl. dazu auch die Ausführungen zum konkret-operativen Stadium nach Piaget in Kapitel 3.5.1.

samtziele resp. Intentionen sowie methodische Empfehlungen repräsentieren. In diese Ausführungen werden Unterrichtsmaterialien integriert, die in unterschiedlichen Aspekten die Leidthematik aufgreifen und dem Lehrer Anhaltspunkte für die Gestaltung des Religionsunterrichts geben. Der Schwerpunkt liegt dabei auf der Interpretation verschiedener Textstellen und Erzählungen aus der Bibel, die im Lebenskontext der Kinder zur theologischen Deutung des Leids beitragen sollen.[289] Dabei werden Möglichkeiten und Grenzen für die Umsetzung der Thematik in der Primarstufe berücksichtigt. Zudem kommen die Empfehlungen der Rahmenrichtlinien und des Grundlagenplans zum Tragen, die eine Behandlung der Leidproblematik für die 3. resp. 4. Jahrgangsstufe vorschreiben. Als exemplarische Darstellung der Thematik im Religionsbuch der 4. Klasse dienen die Ausführungen von H. Halbfas mit dem Titel „Das dunkle Licht". Abschließend sollen diverse Kinder- und Jugendbücher genannt werden, die sich entweder auszugsweise oder als Ganzschrift für die Erarbeitung der Theodizeefrage eignen.

4.4.1 Die Theodizeefrage im Kontext der Hiob-Geschichte

Die Lernziele der Rahmenrichtlinien „Erfahren, daß Leid zum Leben gehört (306)" sowie „Erfahren, daß Vertrauen auf Gott Hoffnung auch in der Krise gibt (333)" können durch biblische Texte, wie z. B. mit dem Buch Hiob, erarbeitet werden. „Hiob kann im Unterricht als ermutigendes Beispiel angeführt werden, sich auch als gläubiger Mensch nicht mit seinem Schicksal stillschweigend abzufinden, sondern in der fragenden und klagenden Auseinandersetzung mit Gottes Gerechtigkeit, Güte und Allmacht schließlich Halt, Kraft, Ermutigung, Identitätsstärkung und Durchhaltevermögen zu gewinnen."[290] Folgende Intentionen können sich daraus ergeben:

Die Schüler erhalten durch Impulse Anregungen, über eigene und fremde Leiderfahrungen nachzudenken. „Sie sollen befähigt werden, sich mit eige-

---

[289] Der Umgang mit biblischen Texten ist deshalb von besonderer Bedeutung, da die Bibel ein entscheidender Bezugspunkt des christlichen Glaubens ist. Der Unterricht sollte sich deshalb nicht ausschließlich mit Auslegungen der Bibel sekundärer und tertiärer Art begnügen, sondern die biblischen Texte selbst zu Wort kommen lassen.

[290] Boenisch, Jens, Hiobsbotschaft oder Hiobs Botschaft? Religionspädagogische Ansätze zur Leidensbewältigung kranker und körperbehinderter Kinder, in: Adam, Gottfried / Kollmann, Roland / Pithan, Annebelle (Hg.), Mit Leid umgehen. Dokumentationsband des sechsten Würzburger Religionspädagogischen Symposiums, Münster 1998, 177-188, hier 183.

nem und fremden Leid auseinanderzusetzen, Möglichkeiten zur Beseitigung bzw. Linderung des Leidens zu finden und unvermeidbares Leid anzunehmen."[291] Die Frage nach Gott und dem Leid, eine grundlegende menschlich-existentielle Fragestellung angesichts von Leiderfahrungen, darf dabei nicht durch rationale Totalerklärungen erschlossen werden, sondern muss mithilfe des Buches Hiob vergegenwärtigt werden.[292] Hiob soll als Mensch kennen gelernt werden, „der im Vertrauen auf Gott sein Leid bewältigt und an seinem Glauben festhält"[293]. Im Besonderen sollen die Schüler die Sprache des Klagens als Möglichkeit der Artikulation kennen lernen, die einen Ausweg aus der lähmenden Sprachlosigkeit angesichts des Leids darstellt.[294]

Ein weiterer grundlegender Aspekt, der insbesondere unter der Berücksichtigung der religiösen Entwicklung nach F. Oser / P. Gmünder für das Verständnis der Schüler grundlegend ist, gilt der Frage nach dem Leid und Schicksal als Strafe Gottes für Sünde resp. Fehlverhalten. Kinder sehen – wie bereits in Kapitel 3.5.3 detailliert beschrieben – in Stufe 2 des religiösen Urteils Gott als Verhandlungspartner, der entsprechende Verhaltensweisen honoriert oder bestraft. „Konkret wirksam wird dieses Denken dann, wenn Kinder etwas Schlimmes erleben (Tod eines Geschwisterkindes, Scheidung oder Trennung der Eltern ...) und mit Schuldgefühlen darauf reagieren."[295] Mittels des Buches Hiob und der Erkenntnis, dass die Worte und Erklärungen seiner Freunde nicht zutreffend waren, kann auch dieser Gedanke aufgearbeitet werden. Wie eine konkrete Umsetzung dieser Ziele erfolgen kann, soll anhand der folgenden Inhalte und Methoden eruiert werden.

Zu Beginn dieses Themenblocks bieten sich verschiedene Möglichkeiten resp. Impulse an, damit sich die Schüler auf dieses Thema einlassen können. Anhand eines Portraits von einem traurigen Kind (M1), welches die Schüler zunächst mit meditativer Musik betrachten, sollen daraufhin Gedanken geäußert werden, welche Ursachen das Kind zu dieser Reaktion veranlasst haben könnten.[296]

---

[291] Sauer, Es gibt viel Leid in der Welt, 6a.

[292] Vgl. Ritter, Leiden, 223.

[293] Egle, Handbuch für den Religionsunterricht, 239.

[294] Vgl. Boenisch, Hiobsbotschaft oder Hiobs Botschaft? 184f.; Ritter, Leiden, 224.

[295] Kuhl, Lena, Hiob – welche Themen hält das Buch für Kinder bereit?, in: Loccumer Pelikan, Heft 3 (2005), 121-126 hier 121. Dieser Unterrichtsentwurf ist unter dem folgenden Link auch auf der Internetseite des Loccumer Pelikans zu finden: <http://www.rpi-loccum.de/kuhiob.html> (Aufruf 2006-03-08).

[296] Vgl. Sauer, Es gibt viel Leid in der Welt, 7.

M 1

297

---

[297] Im Internet: http://homepage.univie.ac.at/Peter.Wienerroither/bazar/p04009.gif. (Aufruf 2005-09-24).

Ein andere Möglichkeit bietet sich in der Zusammenstellung von Collagen mit Nachrichtenmeldungen[298] zu dem Thema „Es gibt viel Leid in der Welt". Die Schüler arbeiten in Kleingruppen von sechs bis acht Kindern und dürfen ihre Collage den anderen Schülern nach Fertigstellung präsentieren. Zur weiteren Würdigung ihrer Arbeit werden die Collagen an den Wänden des Klassenraums für die Dauer des Themenblocks befestigt.[299] Im Klassenverband soll daraufhin die Frage diskutiert werden, was die Menschen auf der Welt traurig macht. Obwohl in diesem Gespräch noch nicht die persönlichen Leidwiderfahrnisse in den Blick kommen, besteht die Möglichkeit, dass einige Schüler bereits eigene Schicksalserfahrungen äußern. Um jedoch *allen* Kindern das Gefühl zu vermitteln, „daß in diesem Unterricht nicht abstrakt vom Leiden gesprochen wird, sondern daß auch ihre Situation thematisiert und ein Stück weit aufgearbeitet wird"[300], empfiehlt es sich, den Schülern auf einem vorbereiteten Papier (M2) mit der Frage „Manchmal bin ich traurig, weil ..." die Möglichkeit zur Artikulation in Bild oder Schrift zu geben. Ihre Ergebnisse dürfen die Kinder im Klassenverband vortragen und auf den Collagen platzieren. Es gilt besonders sensibel zu reagieren, wenn Schüler keine Veröffentlichung ihrer Arbeit wünschen. Zur Festigung und Differenzierung dient eine Tabelle an der Tafel, in der die Schüler die Beispiele über das eigene und das fremde Leid zuordnen sollen. In einem gemeinsamen Gespräch soll darüber nachgedacht werden, welche genannten Leidwiderfahrnisse vermeidbar wären, da die Kinder ein sehr ausgeprägtes und empfindsames Gefühl für Unrecht haben.

---

[298] Entweder stellt der Lehrer Zeitungen und Journale zur Verfügung, aus denen die Schüler Überschriften und Bilder zusammenstellen können, oder die Schüler haben bereits zu Hause recherchiert und bringen diese Materialien mit in den Unterricht.

[299] Vgl. Schmitz, Simone, Die Leidproblematik als religionspädagogische Herausforderung. Relevanz und Vermittelbarkeit von Grenzsituationen des Lebens für den Religionsunterricht, Münster u. a. 2001, 72; Sauer, Gott – lieb und gerecht?, 100f.

[300] Sauer, Gott – lieb und gerecht?, 101.

M 2

Manchmal bin ich traurig, weil ...

Ein Gebet (M 3), das gemeinsam gesprochen wird, kann als Übergang zur Arbeit mit dem Buch Hiob genutzt werden.

M 3

Gebet[301]

Guter Gott, Gott unser Vater!
Oftmals fragen wir dich: „Warum läßt du das zu?"
Unser Leid und unsere Verzweiflung kennst nur Du.
In Deinen Händen hältst Du die Welt,
alles, was lebt und stirbt.
Gott, ich vertraue auf Dich, denn du
wirst mich nicht verlassen.
Nur Du weißt, wie es weitergeht.
Auch wenn wir vieles nicht begreifen können,
schenkt uns Deine Nähe neue Hoffnung
und tiefes Vertrauen in die Zukunft.

---

[301] In Anlehnung an Egle, Handbuch für den Religionsunterricht, 240.

„Als Grundlage für eine Erzählung sollte ein Text gewählt werden, der sehr gekürzt den Inhalt des Hiob-Buches wiedergibt, der ihn aber nicht ‚entschärft'."[302] In den Schulbibeln sind nur vereinzelt Versionen der Hiob-Geschichte zu finden, deshalb soll den Schülern der Lesetext „Das alte Testament erzählt von Hiob" von R. Oberthür[303] ausgehändigt werden. Dieser dient zur angemessenen Erzählung von Hiobs Schicksal und soll die Schüler zum Nachempfinden seiner Notlage anregen. Da sich der Text als sehr umfangreich erweist, bietet es sich an, diesen in verschiedene Szenen resp. Abschnitte zu gliedern, wie es etwa L. Kuhl vorgenommen hat.[304] Sie stellt in ihren Unterrichtsbausteinen ein methodisches Arrangement vor, das durch Inszenierung, Textarbeit, Lehrer- und Schülererzählungen sowie nachdenkliche Gespräche diese Hiob-Geschichte erschließt. Die erste Szene, die eine Beschreibung des Protagonisten Hiob vornimmt und die Nachricht der vier „Hiobsbotschaften" wiedergibt, soll theatralisch mit vorweg informierten Schülern und verschiedenen Utensilien dargestellt werden. „In der Mitte eines Sitzkreises liegt ein großes schwarzes Tuch, das mit anderen Tüchern (grün, braun) abgedeckt ist und eine Landschaft, das Land Uz, bildet. Daneben liegt Material, das sich eignet, um das Erzählte darzustellen. ... Vier Kinder sind instruiert. Sie haben die Aufgabe, die Boten zu spielen, an den entsprechenden Stellen in die Mitte zu stürmen, ihren Text zu lesen und jeweils eine Ecke der Tücher sehr heftig umzuschlagen, so dass das Schwarze von unten dann oben liegt."[305] Während der Lehrer die Geschichte zunächst sehr bedächtig vorträgt, dürfen die Kinder mit den Materialien den Inhalt der Erzählung auf den Tüchern anordnen. „Wenn davon erzählt wird, dass Hiob Ehrfurcht vor Gott hatte und für seine Kinder Opfer darbrachte, kann neben ihm eine Kerze angezündet werden, entweder spontan von einem Kind oder auch von der Lehrerin bzw. dem Lehrer."[306] Daraufhin kommen die vier Boten zum Einsatz, die ihre „Hiobsbotschaften" übermitteln und durch Aufschlagen des schwarzen Tuches die zuvor durch die Schüler gestaltete Szene

---

[302] Kuhl, Hiob – welche Themen hält das Buch für Kinder bereit?, 122.

[303] Nachzulesen in: Oberthür, Kinder fragen nach Leid und Gott 98-104; Oberthür hat diese Version der Hiob-Geschichte in Anlehnung an den Original-Bibeltext verfasst.

[304] Dieser bearbeitete Text ist im Materialteil des Unterrichtsentwurfs von L. Kuhl unter dem Link <http://www.rpi-loccum.de/kuhiob.html> (Aufruf 2006-03-08) nachzulesen.

[305] Kuhl, Hiob – welche Themen hält das Buch für Kinder bereit?, 122.

[306] Kuhl, Hiob – welche Themen hält das Buch für Kinder bereit?, 122.

überdecken und nur noch das Symbol für Hiob[307] zu sehen ist. Der letzte Abschnitt wird durch den Lehrer vorgetragen. Zur Wiederholung und Vertiefung bietet sich ein Steckbrief (M4) an, der Hiob, den guten Menschen von Uz, charakterisiert.[308]

M 4

Hiob aus dem Land Uz

Lest gemeinsam die 1. Szene aus „Das Alte Testament erzählt von Hiob" und erstellt dann den Steckbrief Hiobs

Hiobs Steckbrief

Name: _____

Wohnort: _____

Beruf: _____

Eigenschaften: _____

Kinder: _____

Besitz: _____

---

[307] Die Autorin empfiehlt als Symbol für Hiob ein Stück Holz.
[308] Vgl. Haas / Dieter, Warum gerade ich?, 21.

Um die Schüler für die Gefühle Hiobs zu sensibilisieren und damit die Empathiebereitschaft zu fördern, kann ein Arbeitsblatt eingesetzt werden, das die Reaktionen Hiobs aufgreift und die Kinder auffordert, die Gedanken Hiobs zu notieren.[309] Bevor die 2. Szene gemeinsam gelesen wird, sollte im Plenum diskutiert werden, „warum Hiob trotz allen Unglücks nicht auf Gott schimpft oder ihm Vorwürfe macht"[310]. In einem Rollenspiel wird daraufhin der Auftritt von den Freunden Hiobs nachgestellt, wobei die gesamte Klasse zuvor ihr Mitleid für Hiobs desolate Situation in zusprechenden Gesten ausdrücken soll.[311] Auf einem Arbeitsblatt (M5)[312] sollen die Schüler die Klagen Hiobs aufschreiben oder diese wahlweise aus der Geschichte abschreiben.

---

[309] Ein entsprechendes Arbeitsblatt ist bspw. in Dieter / Haas, Warum gerade ich?, 25 zu finden.
[310] Haas / Dieter, Warum gerade ich?, 25.
[311] Vgl. Kuhl, Hiob – welche Themen hält das Buch für Kinder bereit?, 123.
[312] Dieses Arbeitsblatt wurde nach einer Idee von Haas / Dieter, warum gerade ich?, 58 entworfen.

M 5

Hiobs Klagen

Wie lauten Hiobs Klagen? Notiere sie auf den vorgegebenen Zeilen.

313

Zum Abschluss der zweiten Szene kann gemeinsam ein Lied (M6) gesungen werden, das Zuversicht und Hoffnung ausdrückt.

---

[313] Im Internet: <http://www.musicweb-international.com/classrev/2003/July03/kapp_hiob.jpg> (Aufruf 2005-09-19).

M 6

„Gib uns Frieden jeden Tag"[314]

1. Gib uns Frieden jeden Tag!
Lass uns nicht allein.
Du hast uns dein Wort gegeben,
stets bei uns zu sein.
Denn nur du, unser Gott,
denn nur du, unser Gott,
hast die Menschen in der Hand.
Lass uns nicht allein.

2. Gib uns Freiheit jeden Tag!
Lass uns nicht allein.
Lass für Frieden uns und Freiheit
immer tätig sein.
Denn durch dich, unsern Gott,
denn durch dich, unsern Gott,
sind wir frei in jedem Land.
Lass uns nicht allein.

3. Gib uns Freude jeden Tag!
Lass uns nicht allein.
Für die kleinsten Freundlichkeiten
Lass uns dankbar sein.
Denn nur du, unser Gott,
denn nur du, unser Gott,
hast uns alle in der Hand.
Lass uns nicht allein.

---

[314] Im Internet: <http://www.kirchengemeinde-birnbach.de/Trauung/Traulieder/Gib %20uns%20Frieden %20jeden%20Tag.doc> (Aufruf 2006-03-08). Der Text mit den dazugehörigen Noten ist auch zu finden in: Rosewich, Gerhard (Hg.), Wir singen vor Freude. Liederbuch für den Religionsunterricht in der Grundschule und für Gottesdienste mit Kindern, Lahr 1995, 41.

In der dritten Szene kommt zum Ausdruck, dass die Darlegungen der Freunde Hiob nicht überzeugen. „Im Verlauf der wechselseitigen Reden ist deutlich zu spüren, wie das Verhältnis zwischen Hiob und seinen Freunden immer kühler wird und in einem Zerwürfnis endet. Die Freunde halten Hiobs Anklagen und sein Beharren auf seiner Unschuld geradezu für Gotteslästerung."[315] Der Text sollte zunächst gemeinsam mit den Schülern gelesen werden, um darauf die direkte Rede der Freunde durch Unterstreichung hervorzuheben. Im Stuhlkreis, in dessen Mitte das Schwarze Tuch mit dem Hiob-Symbol platziert ist, soll jedes Kind daraufhin *impulsiv und mit Schärfe* einen beliebigen „Ratschlag" der drei Freunde vorlesen[316], wie z.B. „Denke lieber darüber nach, womit du dieses Unglück verdient hast", „Du hast bestimmt etwas Böses gegen Gott getan, auch wenn du es nicht weißt" oder „Gib endlich deinen Stolz auf und gib zu, dass du ein Sünder bist wie alle anderen, dann wird dich Gott auch heilen."[317] Die Schüler erfahren, dass diese „gut gemeinten" Argumente keine Hilfe darstellen und viele Ratschläge den Menschen in Not nicht wirklich helfen. Damit die Kinder einen Zusammenhang zwischen den Belehrungen der Freunde von Hiob und der heutigen Lebenswirklichkeit erkennen, wird zunächst der Umriss eines Kindes auf ein großes Stück Papier gezeichnet und ausgeschnitten.[318] Daraufhin erhalten die Schüler Zettel, auf die sie Ratschläge notieren, die Menschen in Not *nicht helfen*. Zur Unterstützung befindet sich eine Auswahl „gut gemeinter" Ratschläge auf dunklem Tonkarton an der Tafel, wie bspw. „Nimm' das doch nicht so ernst!", „Stell dich nicht so an!", „Abwarten und Tee trinken"[319]. Die Schüler kleben ihre Formulierungen auf die Steine und falten jeweils ein Stück der Papierperson ein, um darauf die „Gesteinsratschläge" legen zu können. Dieser Handlung wird so lange wiederholt, bis die Person fast nicht mehr erkennbar ist und von den Ratschlägen vernichtet wurde. Die Schüler überlegen sich nun Wörter oder Sätze, die Menschen im Leid helfen können. Zur Unterstützung wird diesmal ein hellfarbiger Tonkarton mit möglichen Ausdrucksweisen, wie bspw. „Ich möchte dir helfen", „Zusammen können wir das schaffen", „Ich nehme dich ernst und du bist mir wich-

---

[315] Klischka, Heike, Hiob – Frommer Dulder oder Rebell gegen Gott?, in: Tammeus, Rudolf (Hg.), Religionsunterricht praktisch. Unterrichtsentwürfe und Arbeitshilfen für die Sekundarstufe 1, 163-183, hier 179.

[316] Vgl. Kuhl, Hiob – welche Themen hält das Buch für Kinder bereit?, 123.

[317] Oberthür, Kinder fragen nach Leid und Gott, 101f.

[318] Die folgende Idee ist zu finden in: Haas / Dieter, Warum gerade ich?, 72.

[319] Haas / Dieter, Warum gerade ich?, 72.

tig"[320], an der Tafel angebracht. Die Schüler nehmen für jede Formulierung einen Stein wieder weg, damit sich der Leidende wieder regenerieren kann. Durch dieses Projekt können die Kinder verstehen, warum Hiob von seinen Freunden enttäuscht ist und die Verbindung in einem Zerwürfnis endet. Damit sind die Schüler für die folgende Aufgabe vorbereitet: Sie dürfen aus sieben elementaren Sätzen (M7) des Buches Hiob[321], die das Gespräch mit seinen Freunden auszugsweise wiedergeben, eine Aussage wählen, die sie besonders berührt und dazu auf einem vorbereiteten Arbeitsblatt (M8) ein Bild malen resp. eigene Gedanken oder Geschichten formulieren.[322]

---

[320] Haas / Dieter, Warum gerade ich?, 72.
[321] Diese Sätze sollten auf verschiedene Kartons notiert und an der Tafel befestigt werden.
[322] Vgl. Oberthür, Kinder fragen nach Leid und Gott, 89-92.

M 7

> Hört, hört doch auf meine Rede, das wäre mir schon Trost von euch.
>
> Ertragt mich, so daß ich reden kann.
>
> Habe ich geredet, dann könnt ihr spotten.
>
> Hiob 21, 2-3

> Wahrhaftig, ihr seid besondere Leute, und mit euch stirbt die Weisheit aus.
>
> Ich habe auch Verstand wie ihr, ich bin nicht geringer als ihr.
>
> Hiob 12,2-3

> Wie wollt ihr mich mit Unwichtigem trösten?
>
> Eure Antworten bleiben Betrug.
>
> Hiob 21,34

M 8

Hiob und seine Freunde

Suche Dir ein Zitat aus, dessen Worte Dich besonders ansprechen. Male dazu ein Bild und schreibe Deine Gedanken auf.

Ein weiterer Aspekt der 3. Szene, der bislang noch unberücksichtigt blieb, ist Hiobs Anklage gegen Gott. „Die Freunde halten Hiobs Anklagen und sein Beharren auf seiner Unschuld geradezu für Gotteslästerung. Hiob selbst fühlt sich von seinen Freunden im Stich gelassen, da er merkt, dass sie an seiner Unschuld zweifeln. Er wendet sich daher ... an Gott selbst."[323] Besonders im Hinblick auf die vierte Szene, in der sich Hiobs authentische Klage gegen Gott als richtiger Weg erweist und das vermeintlich rechtgläubige Sprechen der Freunde zurechtgewiesen wird,[324] ist die Klage als heilende Kraft zu thematisieren. „Die Klagegebete emotionalisieren und übertreiben nicht, sondern geben der Suche nach Zuwendung und Hilfe Gestalt. Denn den Leidenden hilft keine noch so ausgefeilte Antwort, sondern die Veränderung der Situation."[325] Damit die Schüler verstehen, dass Hiobs Klage gegen Gott durchaus legitim ist, sollen sie zunächst die entsprechenden Textstellen in der 3. Szene markieren. Nachdem der Text gemeinsam gelesen wurde, sollte den Kindern erklärt werden, dass in der Bibel viele Stellen zu finden sind, an denen die Menschen ihr Leid klagen, ja Gott sogar anklagen und damit ihr Nichtverstehen und ihre Zweifel zum Ausdruck bringen. Als Beispiel können folgende Stellen genannt werden: „Und in der neunten Stunde rief Jesus mit lauter Stimme: Eloï, Eloï, lema sabachtani?, das heißt übersetzt: Mein Gott, mein Gott, warum hast du mich verlassen?" (Mk 15,34), „Ich aber, zu Gott will ich rufen, der Herr wird mir helfen. Am Abend, am Morgen, am Mittag seufze ich und stöhne; er hört mein Klagen" (Ps 55,17-18), „Klagt wie die Jungfrau im Trauergewand, die den Bräutigam ihrer Jugend beweint. Kahl liegt das Feld, der Acker trauert; denn das Korn ist vernichtet, vertrocknet der Wein, das Öl ist versiegt" (Joël 1,8.10). Die Schüler erhalten daraufhin ein Arbeitsblatt (M9), auf dem zunächst der Aufbau der Klagepsalmen erklärt ist, um daraufhin durch Bildimpulse und Zitate aus den Psalmen (M10a und M10b) einen eigenen Klagepsalm zu formulieren. Infolgedessen sollen die Schüler erkennen, dass hinter der Klage im biblischen Sinne ein enormer Veränderungswille steht und das heutige Verständnis von Klagen, das oftmals als Jammern oder Nörgeln verstanden wird, aufhebt.[326]

---

[323] Klischka, Heike, Hiob – Frommer Dulder oder Rebell gegen Gott, 179.

[324] Vgl. Oberthür, Kinder fragen nach Leid und Gott, 107f.

[325] Steins, Klagen ist Gold!, 11.

[326] Die Arbeitsblätter M9 und M10 sind in Anlehnung an Haas / Dieter, Warum gerade ich?, 62f. entworfen worden.

M 9

Menschen klagen Gott an

Die Klagepsalmen haben in der Regel folgenden Aufbau:

1. Der Beter wendet sich direkt an Gott und schildert seine Situation.
2. Der Beter klagt über sein Leid.
3. Der Beter bittet um Hilfe.
4. Der Beter bringt schließlich seine Hoffnung und sein Vertrauen zum Ausdruck.

Suche dir eins der abgebildeten Fotos auf dem Arbeitsblatt M10a aus oder finde in Zeitungen oder Zeitschriften selbst ein Bild von einer ähnlichen Situation. Schreibe zu diesem Bild einen eigenen Klagepsalm – du kannst die eigenen Ideen aufschreiben oder die Beispielsätze von dem Arbeitsblatt M10b zu Hilfe nehmen. Finde zu deinem Klagepsalm eine passende Überschrift.

_____

_____

_____

_____

_____

_____

_____

_____

M 10a

327 328

329 330

---

[327] Im Internet: <http://www.sonntagsblatt-bayern.de/img03/03-02titel_150.jpg> (Aufruf 2005-09-26).

[328] Im Internet: <http://ch.indymedia.org/images/2004/02/19442.jpg> (Aufruf 2005-09-26).

[329] Im Internet: <http://www.honduras.com/archive-photos/mitch-mb/oct31/chm-debris-t.jpg> (Aufruf 2005-09-26).

[330] Im Internet: <http://www.e12.physik.tu-muenchen.de/groups/rim/foto/wasserski 2001/images/olli_ run1g_verzweiflung.jpg> (Aufruf 2005-09-26).

M10b

Worte der Angst und der Klage[331]

- Ich bin wie ein zerbrochenes Gefäß. Sie aber schauen zu und sehen auf mich herab. (Ps 31,13; 22,18)
- Ich bin einsam und elend. Die Angst meines Herzens ist groß. (Ps 25,17)
- Ich habe mich müde geschrien. Mein Hals ist heiser. Meine Augen sind trübe geworden, weil ich solange warten muss. (Ps 69,4)
- Mir ist jedes Zuhause genommen, niemand fragt nach meinem Leben. (Ps 142,5)
- Ich fühle mich gefangen und kann nicht heraus. (Ps 88,9b)
- Ich bin gekrümmt und tief gebeugt, den ganzen Tag gehe ich traurig einher. (Ps 38,7)
- An einem sicheren Ort möchte ich eilen vor dem Wetter, vor dem tobenden Sturm. (Ps 55,9)
- Ich bin wie einsamer Vogel auf dem Dach. (Ps 102,8)
- Ich rufe, doch du antwortest nicht. (Ps 22,3)
- Das Wasser geht mir bis zur Kehle. Ich versinke. (Ps 69,2.3)

---

[331] Diese Formulierungen werden zitiert nach: Leßmann, Beate, Worte der Psalmen – eine Auswahl, in: ders. (Hg.), Mein Gott, mein Gott .... Mit Psalmworten biblische Texte erschließen, Neukirchen-Vluyn 2002, 49-53, hier 49f.

Die vierte Szene wird im Sitzkreis, in dessen Mitte das schwarze Tuch mit dem Hiob-Symbol platziert ist, bis zu dem Abschnitt vorgelesen, an dem Hiob nach den Gottesreden, Freude und Frieden ausstrahlt. Aus einem Behältnis mit Lichtstrahlen aus Papier darf sich jeder Schüler einen Strahl nehmen und diesen um das Symbol des Hiob legen, so dass daraus eine Sonne entsteht.[332] Der Lehrer liest daraufhin den letzten Teil der Erzählung[333] vor, um im Anschluss eine Diskussion mit den folgenden Fragen anzuregen: „Womit haben die Freunde Gott zornig gemacht? Wie kommt es, dass Hiob für seine Freunde beten kann?"[334]

Die dargestellten Möglichkeiten einer Auseinandersetzung mit dem Buch Hiob in einer dritten oder vierten Grundschulklasse sind lediglich Anregungen, die sich aus einem Fundus unterrichtspraktischer Erwägungen ergeben haben. An dieser Stelle soll auf eine weitere methodische Vorgehensweise von R. Oberthür verwiesen werden, der in einer vierten Grundschulklasse in Form des kreativen Arbeitens das Buch Hiob zum Gegenstand des Unterrichts erhoben hat. Es handelt sich dabei nur um *einen* Aspekt seiner Unterrichtseinheit zu dem Thema „Gott, wie kannst du das zulassen?" und bietet sich auch als Abschluss unseres Unterrichtskomplexes an.

Die Gestaltungen zu dem Buch Hiob nach R. Oberthür umfassten in diesem Unterrichtsblock die bildnerische Aktivität, das kreative Schreiben sowie den bildnerischen Ausdruck zur Musik. Aus jeweils drei verschiedenen Arbeitsmöglichkeiten suchte sich jedes Kind eine schreibbezogene und eine bildbezogene Aufgabe aus.[335] Die veröffentlichten Arbeitsergebnisse zeigen, dass die Schüler mit den Anregungen nicht überfordert waren. „Auf unterschiedlichem, außergewöhnlichem Niveau *praktizieren* die Kinder selbst paradoxes Reden von Gott, obwohl von Seiten der Entwicklungspsychologie ihre Fähigkeit, symbolisches oder gar paradoxes Sprechen von Gott zu *ver-*

---

[332] Vgl. Kuhl, Hiob – welche Themen hält das Buch für Kinder bereit?, 123f.

[333] Erhalten die Kinder die Geschichte über Hiob nicht als Gesamttext, sondern immer nur die Szenen, die für den jeweiligen Unterrichtskomplex relevant sind, bietet es sich an, das „gute Ende" der Geschichte von Hiob erst nach der Diskussion zu erzählen oder die Schüler einen eigenen Schluss für die Erzählung schreiben zu lassen.

[334] Kuhl, Hiob – welche Themen hält das Buch für Kinder bereit?, 124.

[335] Vgl. Oberthür, Kinder fragen nach Leid und Gott 108-116. – Auf eine ausführliche Darstellung des verwandten Bildmaterials und der Anregungen zum kreativen Schreiben soll an dieser Stelle verzichtet werden.

stehen, oft bezweifelt wird."[336] Die Schüler sind darüber hinaus äußerst sensibel und einfühlsam mit der anspruchsvollen Thematik umgegangen.

Resümierend ist festzuhalten, dass bei der Auswahl der Elemente zur Unterrichtsgestaltung zunächst das Ziel der Sensibilisierung der Schüler für das Thema entscheidend ist. Das zusammengetragene Text- oder Bildmaterial kann dabei spezielle Emotionen, Gedanken und Vorstellungen bei den Kindern bewirken: „Mal löst es Betroffenheit aus, mal trägt es dazu bei, daß die Schüler im Hinblick auf konkretes Leid lernen, weiterzudenken und zu abstrahieren; ein anderes Mal sollen sie sich ganz einfach bemühen, Leidenserfahrungen anderer Menschen nachzuvollziehen, die ihnen selbst ... fremd sind"[337]. In diesem Kontext unterstützt eine Thematisierung des Buches Hiob die elementare Glaubenserfahrung, dass im Vertrauen auf Gott Leid und Unheil bewältigt werden kann.

An dieser Stelle muss erwähnt werden, dass die individuellen Voraussetzungen der Lerngruppe *besonders* für diesen religiösen Lernprozess von außerordentlicher Bedeutung sind. Jegliche Planung mit umfangreichem Material, abwechslungsreichen Methoden sowie pädagogischer Präzision wird obsolet, wenn Entscheidungen ohne Berücksichtigung des Erkenntnishorizonts der Schüler getroffen werden.

4.4.2 Das Leben Jesu als Glaubens- und Hoffnungsperspektive

In dem 3. Themenfeld der Rahmenrichtlinien wird neben den bereits erwähnten Zielen, auch die Intention „Jesus als den sehen, der den Tod auf sich nimmt, um die Liebe Gottes offenbar werden zu lassen"[338] angeführt, die mittels der biblischen Tradition von der Passion und Auferstehung Jesu erschlossen werden soll. „Die Ostererfahrung der Jüngerinnen und Jünger macht deutlich: Gott hält Jesus die Treue über den Tod hinaus und erweckt ihn zu neuem Leben. Jesu Auferstehung stärkt die Hoffung auf Neuanfänge

---

[336] Oberthür, Kinder fragen nach Leid und Gott 116. – Herv. im Original – Das Zitat bezieht sich vor allem auf eine Aufgabe zum kreativen Schreiben, in der die Kinder angeregt wurden, Sätze über Gott im doppelten Sinn zu formulieren. Als Hilfestellung und zum besseren Verständnis wurden den Kindern einige Beispielsätze genannt. Vgl. Oberthür, Kinder fragen nach Leid und Gott, 109.

[337] Schmitz, Die Leidproblematik als religionspädagogische Herausforderung, 77.

[338] Niedersächsischer Kultusminister, Rahmenrichtlinien für die Grundschule Katholische Religion, 21.

im Leben eines jeden Einzelnen."[339] Ferner bietet dieses Thema einen möglichen Zugang zum Inhaltsbereich des 10. Themenfelds der Rahmenrichtlinien „Menschen fragen und hoffen" mit dem Teilthema „Was kommt nach dem Tod?"[340] Zusätzlich sind die folgenden möglichen Lernziele religiöser Erziehung zu nennen, die mit einem Unterrichtsblock zu dieser Thematik realisiert werden können:

Die Schüler sollen durch die Passionserzählungen nachvollziehen, „wie sich der Sohn Gottes mit uns Menschen auch im tiefsten Leiden solidarisiert"[341]. Gerade weil sich der Leidensweg Jesu Christi für die Schüler oftmals als Rätsel darstellt, ist es umso signifikanter, dass der Tod Jesu als Heilstat Gottes für die Menschen verstanden wird. In der Auseinandersetzung mit den schweren Wegstationen Jesu Christi sollen die Schüler nachvollziehen, dass Jesus Anfeindungen, Ungerechtigkeit und Rückschlägen nicht ausgewichen ist. Jesus hat die Dimensionen menschlichen Leidens wie Verfolgung, Verrat, Verspottung, Misstrauen, Intrigen, Schmerzen, Qualen, Einsamkeit, Todesnot und Gottesferne während der Stationen seines Lebensweges getragen und ist dabei bis zum Schluss mit uns Menschen solidarisch geblieben.[342]

„Im Zusammenhang mit der Passion und dem Tod Jesu taucht die Frage nach der Kraftquelle auf, die Jesus diesen Weg konsequent bis zum qualvollen Ende gehen ließ. Schließlich können die Sch[= Schüler; d. Verf. d. Arbeit] erkennen, dass sich viele Bezugspunkte zum oft leidvollen Leben von Menschen heute herstellen lassen."[343] Mit dem christlichen Fundament, dem Glauben an die Auferstehung Jesu, sollen die Schüler begründete Hoffnungsspuren wahrnehmen, die auf ein Leben nach dem Tod hinweisen. Wird diese Zuversicht nicht nur auf das Jenseits übertragen, kann diese Hoffnung das jetzige Leben der Menschen beeinflussen. Die Schüler sollen verstehen, dass Paulus deshalb „in seinem Brief an die Thessalonicher von einer Hoffnung" spricht, „die Auswirkungen hat auf die Grundeinstellung zum Leben

---

[339] Bürkert-Engel, Barbara, / Franz, Gustav / Machalet, Christian / Olbrich, Hiltraud / Stonis, Andreas (Hg.), Hand in Hand – Religionsunterricht Klasse 4. Lehrerhandbuch, Lahr u. a. 1998, 33.

[340] Niedersächsischer Kultusminister, Rahmenrichtlinien für die Grundschule Katholische Religion, 28f.

[341] Ort, Barbara / Rendle, Ludwig (Hg.), fragen – suchen – entdecken 4 – Arbeitshilfen, München 2005, 158.

[342] Vgl. Ort / Rendle, fragen – suchen – entdecken 4 – Arbeitshilfen, 176.

[343] Ort / Rendle, fragen – suchen – entdecken 4 – Arbeitshilfen, 176.

und daher ablesbar wird an der Lebensgestaltung der Christen"[344]. Diese Hoffnung soll die Kinder bestärken, nicht vor dem Leid zu fliehen, sondern in der Not zu bestehen. Sie gibt Kraft zum Aushalten und schenkt Vertrauen, dass wir von der Liebe Gottes getragen werden, denn „er ist doch nicht ein Gott von Toten, sondern von Lebenden" (Mk 12,27).[345]

Um diese christliche Glaubenserfahrung der Auferstehungshoffnung zu erschließen, sollen im Folgenden aus einem reichhaltigen Fundus von Methoden und Materialien lediglich einige exemplarische Einsatzmöglichkeiten im Religionsunterricht erörtert werden.

Da in diesem Unterrichtsblock nicht nur die Passionsgeschichte thematisiert werden soll, sondern das *gesamte* Lebenswerk Jesu als *Weg, der zu Gott führt* von zentraler Bedeutung ist, eignet sich als Unterrichtseinstieg eine Wiederholung der biblischen Erzählungen, in denen sich Jesus den schwachen Menschen zuwendet und die als Teilthemen des dritten Themenfelds im ersten oder zweiten Schuljahr bereits Gegenstand des Religionsunterrichts waren. Dieses kann entweder durch den Einsatz entsprechender Symbole, die für die damalige Erschließung der Geschichten eingesetzt wurden, erfolgen oder mittels Bildgeschichten, die es den Kindern erleichtern, Personen und Ereignisse wieder zu erkennen.[346] Heilungsgeschichten sind nicht nur „Protestgeschichten", in denen Jesus mit „seinem Handeln den damals anerkannten Tun-Ergehen-Zusammenhang" durchbricht, sondern auch „Aufforderungsgeschichten, sich aus der Kraft dieser Hoffnung einzusetzen gegen die Ursachen von Unrecht und Leid in der Welt"[347]. Mit dem Lied „Weißt du schon, wer dich braucht?"[348] sollen die Kinder dazu angeregt werden, Jesu Botschaft und Handeln gegen Verzweiflung und Not zu folgen. Sie sollen befähigt werden, das Leid anderer Menschen wahrzunehmen und Möglichkeiten der Hilfe zu formulieren. Diese Aufgabe kann durch gestisch-pantomimisches Spiel unterstützt werden: „Zwei Kinder halten vor die nach vorne gedrehten Overheadstrahler ein Bettlaken" und der Lehrer „ruft nun einige Male einzelne Kinder auf, die hinter der Leinwand als Schattenbild erscheinen" mit dem Auftrag durch eine bestimmte „Körperhaltung Leidtra-

---

[344] Ort / Rendle, fragen – suchen – entdecken 4 – Arbeitshilfen, 183. Gemeint ist die folgende Perikope aus dem Paulusbrief: 1 Thess 4,13-18.

[345] Vgl. Sauer, Junge Christen fragen nach dem Glauben, 119.

[346] Vorlagen für solche Bildgeschichten sind z.B. in: Gollan, Otto / Mandzel, Waldemar, Biblische Geschichten malen, Bd. 1-3, München 1983 zu finden.

[347] Ort / Rendle, fragen – suchen – entdecken 4 – Arbeitshilfen, 172f.

[348] Rosewich, Wir singen vor Freude, 51.

gende" darzustellen, „z.B. als gelähmter Mensch am Boden liegend oder gebückt, traurig, schmerzverkrümmt kauernd oder die Hände zum Betteln ausgestreckt"[349]. Das mögliche Verhalten von Jesus in der Situation wird von einem jeweils anderen Kind dargestellt. Somit können die Schüler ihre Ideen zu Jesu rettendem Handeln umsetzen und entwickeln vielleicht „Bewegungshandlungen wie Hand auf die Schulter legen, das andere Kind aufrichten, stützen usw."[350]. Daraufhin sollen die Schüler mit der gesamten Klasse eine Schriftrolle gestalten, auf denen sie die Hoffnungsworte Jesu für Menschen im Leid notieren.[351] Für diese Aufgabe dürfen sie die Schulbibel benutzen.

Um zu verstehen, dass Jesu schwerer Weg nicht erst mit dem Kreuzweg begann, bietet sich die Karte mit dem Titel „Jesus geht einen schweren Weg" an, wie sie im Religionsbuch für die 4. Klasse von B. Ort / L. Rendle abgedruckt ist, denn diese illustriert die leidvollen Qualen Jesu, gerade weil er sich für die Leidenden und Ausgegrenzten einsetzte.[352] „Ausgewählte Stellen aus dem Markusevangelium konkretisieren diesen von Anfang an schweren und leidvollen Weg Jesu, den er neben seinen ‚Erfolgen' gehen musste und der schließlich in der Passion und der Kreuzigung endete."[353] Zunächst sollen die Schüler die auf der Übersichtskarte notierten Bibelzitate gemeinsam lesen, um daraufhin im Plenum zu erarbeiten, warum Jesus in den entsprechenden Situationen Zurückweisung und Unverständnis erfahren hat. In Kleingruppen entwickeln die Schüler Standbilder, die einzelne Stationen auf dem schweren Weg Jesu wiedergeben. Die Ergebnisse mit den dazugehörigen Bibelzitaten werden im Klassenverband präsentiert und auf einer Fotografie festgehalten, um abschließend zu diskutieren, warum Jesus seine Unterstützung für die ausgegrenzten und belasteten Menschen fortsetzte, obwohl er von der bevorstehenden Gefahr wusste.[354]

Die biblischen Zeugnisse von der Auferstehung Jesu Christi dürften in der 4. Klasse als bekannt vorausgesetzt werden, da diese bereits im 10. Themen-

---

[349] Buck, Elisabeth, Kommt und spielt. Band 2: Bewegter Religionsunterricht im 3. und 4. Schuljahr, Göttingen 2001, 88.

[350] Buck, Kommt und spielt. Band 2, 88.

[351] Dafür eignet sich am besten eine Tapetenrolle und dicke Stifte zum Notieren von Jesu Botschaften.

[352] Vgl. Ort, Barbara / Rendle, Ludwig (Hg.), fragen – suchen – entdecken. Religion in der Grundschule 4, München 2005, 64f.

[353] Ort / Rendle, fragen – suchen – entdecken 4 – Arbeitshilfen, 176.

[354] Vgl. Ort / Rendle, fragen – suchen – entdecken 4 – Arbeitshilfen, 178.

feld der ersten und zweiten Klasse vorgesehen ist.[355] Dennoch bedarf es einer Wiederholung durch entsprechende Impulse oder Bibelzitate. Bei dieser Thematik geht es im Hinblick auf die Intentionen im wesentlichen darum, „diesem Bekenntnis in verschiedenen Gestaltungen nachzusinnen und so seiner Lebensbedeutung auf die Spur zu kommen"[356]. Die Kinder sollen in der Auferstehung Jesu den Grund unseres Glaubens an ein Leben nach dem Tod erkennen. Das Glaubensbekenntnis von der Auferstehung Jesu Christi nach 1 Kor 15,1-7 erhalten die Kinder in Form eines Arbeitsblatts (M11). Dieser Text wird zunächst gemeinsam gelesen und der Lehrer erklärt daraufhin die Herkunft dieses Glaubensbekenntnisses. In Einzelarbeit sollen die Schüler den Anlass dieser Botschaft des Paulus notieren und ein Hoffnungsbild zu Jesu Auferstehung gestalten.[357]

---

[355] Vgl. Niedersächsischer Kultusminister, Rahmenrichtlinien für die Grundschule Katholische Religion, 17.
[356] Ort / Rendle, fragen – suchen – entdecken 4 – Arbeitshilfen, 180.
[357] Vgl. Egle, Handbuch für den Religionsunterricht, 283.

M 11

Stärker als Leid und Tod

„Ich erinnere euch, Brüder, an das Evangelium, das ich euch verkündet habe. Ihr habt es angenommen; es ist der Grund, auf dem ihr steht. Durch dieses Evangelium werden ihr gerettet, wenn ihr an dem wortlaut festhaltet, den ich euch verkündet habe. Oder habt ihr den Glauben vielleicht unüberlegt angenommen? Denn vor allem habe ich euch überliefert, was auch ich empfangen habe: Christus ist für unsere Sünden gestorben, gemäß der Schrift, und ist begraben worden. Er ist am dritten Tag auferweckt worden, gemäß der Schrift, und erschein dem Kephas, dann den Zwölf. Danach erschein er mehr als fünfhundert Brüdern zugleich; die meisten von ihnen sind noch am Leben, einige sind entschlafen. Danach erschien der dem Jakobus, dann allen Aposteln." (1 Kor 15, 1-7)

Welche Botschaft wollte Paulus mit dieser Erklärung verkünden? Schreibe eine Antwort und male ein eigenes Hoffnungsbild zu Jesu Auferstehung!

Das Lied „Mitten in der Nacht" wird daraufhin gemeinsam gesungen und mit Orff-Instrumenten klanglich begleitet.[358] Zur Vertiefung erhalten die Kinder abschließend einen Text (M12), der verdeutlicht, dass wir *besonders* in schwierigen Situationen auf Gott vertrauen können.

M 12

Eines Nachts hatte ich diesen Traum:
Ich ging mit Gott, meinem Herrn am Strand entlang.
Vor meinen Augen zogen Bilder aus meinem Leben vorüber und auf jedem Bild entdeckte ich Fußspuren im Sand.
Manchmal sah ich die abdrücke von zwei Fußspuren im Sand, dann wieder nur von einem Paar. Das verwirrte mich, denn ich stellte fest, dass immer dann, wenn ich unter Angst, Sorge oder dem Gefühl des Versagens litt, nur die Abdrücke von einem Fußpaar zu sehen waren.
Deshalb wandte ich mich an den Herrn:
„Du hast mir versprochen, Herr, du würdest immer mit mir gehen, wenn ich dir nur folgen würde. Ich habe aber festgestellt, dass gerade in den Zeiten meiner schwierigsten Lebenslagen nur ein Fußpaar im Sand zu sehen war.
Wenn ich dich nun am dringendsten brauchte, warum warst du dann nicht für mich da?"
Da antwortete der Herr:
„Immer dann, wenn du nur ein Fußpaar im Sand gesehen hast, mein Kind, habe ich dich getragen."[359]

---

[358] Vgl. Ort / Rendle, fragen – suchen – entdecken. Religion in der Grundschule 4, 66.

[359] Die Quelle dieser Erzählung ist unbekannt. Zitiert wurde dieser Text nach: Buck, Kommt und spielt. Band 2, 117.

Hat sich den Kindern mit Hilfe dieses Unterrichtsblocks die grundlegende Glaubenserfahrung erschlossen, dass der Mensch in der Zeit des Leidens als auch im Sterben auf Gottes Heilsmacht und unendliche Liebe vertrauen kann, können sie die Auferstehung Jesu als Hoffnung für alle Gläubigen verstehen. Durch die Auferweckung wird dem Tod seine Macht genommen. „Christliche Hoffnung ist davon überzeugt, dass dieses Leben nicht alles ist, sondern dass es darüber hinaus ein ‚mehr' gibt. Darin liegen Trost und Verheißung zugleich. Trost für die vielfältigen Opfer von Leben einschränkenden Umständen; Trost für die Hinterbliebenen ... Verheißung für diejenigen, die trotz erfüllten Lebens eine Sehnsucht nach ‚mehr' spüren."[360]

Dieser umfangreiche Lernprozess bereitet die Schüler darauf vor, mit den lebensweltlichen Leidwiderfahrnissen im direkten Umfeld oder auch im Fernbereich umgehen zu können. Es bietet sich an, einen Unterrichtsblock mit dem Thema „Sterben und Tod" anzuschließen, da dieses als Teilthema im 10. Themenfeld der Rahmenrichtlinien[361] vorgesehen ist. In dem Religionsbuch der vierten Klasse von B. Ort und L. Rendle werden Möglichkeiten zur Erschließung dieser Problematik angegeben.[362] E. Buck entwirft ein Konzept mit dem Titel „Nach dem Tod fragen" und gibt Anregungen für die ganzheitliche Umsetzung dieses Themas durch Wahrnehmungs- und Bewegungsspiele, Unterrichtsgespräche und eine besondere Heftgestaltung.[363]

4.4.3 Die Leidproblematik im Lehrwerk „Religionsbuch für das 4. Schuljahr" von Hubertus Halbfas

Dieses in der Primarstufe häufig eingesetzte Unterrichtswerk von H. Halbfas spricht mit dem Kapitel „Gott: Das dunkle Licht" mehrere Aspekte an, die im Zusammenhang mit einer unterrichtlichen Behandlung der Leidthematik bedeutsam sind. Anhand dieses exemplarischen Beispiels einer möglichen Umsetzung der Leidproblematik in Religionsbüchern der Primarstufe sollen die von H. Halbfas ausgewählten Texte, Bilder sowie methodisch-didaktischen Erwägungen extensiv dargestellt und diskutiert werden.

---

[360] Ort / Rendle, fragen – suchen – entdecken 4 – Arbeitshilfen, 183.

[361] Vgl. Niedersächsischer Kultusminister, Rahmenrichtlinien für die Grundschule Katholische Religion, 29.

[362] Vgl. Ort / Rendle, fragen – suchen – entdecken. Religion in der Grundschule 4, 55-70.

[363] Vgl. Buck, Kommt und spielt. Band 2, 153-160.

Gestaltet wurde das Kapitel mit Bildern von Max Dentler und Marc Chagall. Aus dem Alten Testament wurden drei Perikopen zitiert und Auszüge von W. Borcherts „Bist du der liebe Gott?" sowie dem polnischen Schriftsteller Z. Kolitz „Ich werde dich immer liebhaben – Dir selbst zum Trotz" vervollständigen diesen Teil des Lehrwerks.[364] „In diesem Kapitel bilden die Chagall-Gemälde ... eine Meta-Ebene, die den Kindern hilft, das Verständnis der biblischen Geschichten mit der weitergehenden Geschichte des Menschen zu verknüpfen. ... Die Texte sind nicht in sich abgeschlossen, werden keiner vordergründigen Gegenständlichkeit überlassen, sondern mit der Eindringlichkeit der Assoziationsfülle, die jedes Gemälde umfaßt, in einen nach vorne offenen, kreativen Verstehensprozeß hineingefordert."[365]

Als Einstieg in die Thematik dient das Bild von M. Dentler mit dem Titel „Licht und Dunkel". Die Schüler sollen sich inspirieren lassen, um eigene Gedanken und Emotionen zur Intention des Bildes formulieren zu können. Nach Aussage des Künstlers soll das Gemälde mit der Hoffnung auf einen Sieg des Lichts über die Finsternis verbunden werden. Das Bild „möchte primär eine stille besinnliche Form des Hinschauens und Bedenkens anregen, etwa jeweils im Kontext zu den nachstehenden Geschichten, die von bitteren Dunkelheiten erzählen, denen dennoch ein rettendes Licht nicht fehlt"[366]. Dieses Element findet sich auch in der darauf folgenden Erzählung aus Genesis 22,1-14 „Das Liebste geben" wieder.[367] H. Halbfas konkretisiert zunächst die Formgeschichte der Perikope, damit die Schüler erkennen, „daß die Erzählung ursprünglich einen anderen Ort und eine andere Bedeutung hatte als im heutigen Zusammenhang"[368]. Die meines Erachtens elementarste Bedeutung erhält die Intention, den Schülern mittels der Geschichte zu vermitteln, dass ein Loslassen lieb gewonnener und nahe stehender Menschen keinesfalls bedeutet, an der Trauer über den Tod zu zerbrechen. Indem wir diese Menschen Gott anvertrauen, können wir darauf hoffen, sie in einer anderen Beziehung wiederzugewinnen.

Der nachfolgende Auszug von W. Borcherts Theaterstück der frühen Nachkriegsjahre „Draußen vor der Tür. Ein Stück, das kein Theater spielen

---

[364] Vgl. Halbfas, Hubertus (Hg.), Religionsbuch für das vierte Schuljahr, Düsseldorf 1986, 25-34.

[365] Halbfas, Religionsunterricht in der Grundschule, 177.

[366] Halbfas, Religionsunterricht in der Grundschule, 179.

[367] Vgl. Halbfas, Religionsbuch für das vierte Schuljahr, 26f.

[368] Halbfas, Religionsunterricht in der Grundschule, 188.

und kein Publikum sehen will"[369] wurde gewählt, um den Schülern mit dem Protagonisten Beckmann einen Repräsentanten für viele andere Menschen in Leid und Not vorzustellen. „Oft ist der häusliche Hintergrund unserer Schüler von ähnlichen Stimmungen geprägt, nur bleiben diese meist sprachlos und darum als Meinungsbild amorph. Die Artikulation von Vorbehalt und Klage hilft, das Unausgesprochene aufzuarbeiten und einen guten Schritt zu einem reiferen Gottesverständnis zu führen."[370] Damit die Schüler ihre Zweifel und Bedenken artikulieren, muss der Lehrer eine Lernatmosphäre schaffen, die keine konformen Ansichten von den Schülern erwartet, sondern eigene Fragestellungen und Anschauungen zulässt. Es sei in diesem Zusammenhang auf die Möglichkeit verwiesen, diese Thematik durch die Erarbeitung von Psalmtexten zu vertiefen.

Die Legende von Z. Kolitz[371] „Ich werde dich immer liebhaben – Dir selbst zum Trotz" stellt „gelebte biblische Glaubenstradition" dar, „in der Abrahams Vertrauensgröße und Jakobs Ringen mit Gott zusammengehen" und ist zugleich „ein Zeugnis des jüdischen Weges durch unendliche Niederungen der Verfolgung"[372]. Dass wir die Kinder mit dieser dunklen Seite der Geschichte konfrontieren sollten, ist nachvollziehbar. Es ist jedoch zu überlegen, ob die Schüler einer vierten Klasse die notwendigen Voraussetzungen mitbringen, diese Thematik mit aller Betroffenheit und Empathie grundlegend erschließen können. Insbesondere bei einer gewissen „Unpünktlichkeit" religiöser Lernprozesse, muss dieser Frage nachgegangen werden. Deshalb ist individuell zu entscheiden, ob diese entsetzlichen Erlebnisse im Unterricht der Primarstufe Berücksichtigung finden sollen. In Konformität mit H. Halbfas muss gleichwohl bedacht werden, dass ein „weiteres Verdrängen oder Herunterspielen der grauenhaften Schuld ... nur die Vergangenheit" verlängert, „wenn auch in anderen Weisen und Auswirkungen", und zudem „die Möglichkeit der Buße und Umkehr"[373] reduziert.

Mit dem Gemälde Marc Chagalls „Der Tote"[374] soll an den Traum von dem Soldaten Beckmann und an den Text von Genesis 22,1-14 angeknüpft werden. Elemente resp. Personen aus den Erzählungen sind in diesem Bild

---

[369] Vgl. Halbfas, Religionsbuch für das vierte Schuljahr, 28.
[370] Halbfas, Religionsunterricht in der Grundschule, 197.
[371] Vgl. Halbfas, Religionsbuch für das vierte Schuljahr, 29.
[372] Halbfas, Religionsunterricht in der Grundschule, 198.
[373] Halbfas, Religionsunterricht in der Grundschule, 198.
[374] Vgl. Halbfas, Religionsbuch für das vierte Schuljahr, 27.

wieder zu finden und von den Schülern durch gezielte Fragestellungen zu erfassen. „In diesem Fall ist die Zuordnung eines Bildes, das ohne biblischen Bezug entstanden ist, zu den Texten des Religionsbuchs also nicht Erschwerung, sondern didaktische Hilfe, um die Schüler aus der gegenständlichen Fixierung an die Erzählhandlung zu lösen."[375]

Die Perikope Genesis 32,23-30, die mit dem Titel „Der Kampf" im Religionsbuch von H. Halbfas aufgenommen wurde, erinnert an den mit Gott streitenden Hiob.[376] Damit die Schüler die Intention der Erzählung verstehen, muss nach meinem Ermessen zunächst eine Kurzfassung der Bundesgeschichte Israels in groben Auszügen vorgestellt resp. wiederholt werden. Es ist zu akzentuieren, dass Jakob nicht mit einem „irdischen" Mann kämpft, wie es durch die Formulierung vermutet werden könnte, sondern dass es sich um einen Ringen mit Gott handelt.[377] „Jakob erkämpft in der Nacht der Gottesfinsternis gleichsam das wahre Angesicht des lebendigen Gottes, des Gottes, der im Dunkel der Geschichte den Weg des Menschen leidenschaftlich mitgeht, der mitleidet und dessen Segen nicht ohne den Schlag auf die Hüfte zu haben ist."[378] Mit dem Bild Marc Chagalls „Der Jude in Grün", das im Hintergrund in hebräischer Schrift die Worte aus Genesis 12,1-3 wiedergibt, soll nach eingehender Betrachtung und Aufmerksamkeit für die Besonderheit der Farben und dem Erscheinungsbild des Mannes, an die Legende von Z. Kolitz und an die Erzählung von Jakobs Kampf mit Gott anschließen. „Dann beginnt das Bildnis von innen her zu sprechen, und es wird den Kindern verständlich, daß Menschen in mancherlei Nächten ihrer Lebensgeschichte mit Gott kämpfen."[379]

---

[375] Halbfas, Religionsunterricht in der Grundschule, 203.

[376] Vgl. Halbfas, Religionsbuch für das vierte Schuljahr, 30.

[377] Diese Notwendigkeit greift H. Halbfas in dem dazugehörigen Arbeitsbuch auf, indem er folgendes erklärt: „Der Kampf Jakobs mit Gott ist meistens als Kampf Jakobs mit einem Engel gemalt worden. Da man Gott nicht malen kann, vertritt der ‚Engel' die göttliche Wirklichkeit." Halbfas, Hubertus, Religionsbuch für das 4. Schuljahr. Arbeitsheft, Düsseldorf 1999, 20. Zur Überprüfung, ob der symbolische Gehalt der Erzählung verstanden wurde, sollen die Schüler erklären, ob der Jakobskampf hätte fotografiert werden können. Vgl. Halbfas, Religionsbuch für das 4. Schuljahr. Arbeitsheft, 21.

[378] Halbfas, Religionsunterricht in der Grundschule, 209.

[379] Halbfas, Religionsunterricht in der Grundschule, 212.

Mit dem Schicksal von Jeremia 38,2-13[380] sollen die Grundschüler die Last und Verantwortung eines von Gott erwählten Propheten erkennen. Das Wirken eines Propheten bedeutet oftmals Konfrontation, weil dieser als Sprachrohr Gottes seine Botschaften weiterzugeben hatte und diese Weissagungen oftmals Ermahnungen des Volkes zur Umkehr beinhalteten.[381] Im Hinblick auf die vorangegangenen Inhalte des Religionsbuches zu der Thematik „Das dunkle Licht" sollen die Schüler bedenken, „daß Jeremia ... Gott als seine Rettung und Sicherheit erlebt" und „daß auch Jeremias Leben im Zeichen des Jakobkampfes steht"[382]. Ergänzend dazu bietet das Bild Marc Chagalls mit dem Titel „Einsamkeit" Elemente, die das Prophetenbild des einsamen Beters veranschaulichen.[383]

Abschließend wird aus dem Buch Daniel die Legende von den Männern im Feuerofen geschildert (Dan 3,1-50). Die Kinder sollen diese Erzählung nicht als Wundergeschichte verstehen, sondern in ihrem Glauben und im Vertrauen auf Gott, der in Not und Gefahr seine schützende Hand über uns hält, gestärkt werden. Zu dieser Unterrichtseinheit konstatiert H. Halbfas resümierend: „Die geweckten Fragen nach all dem, was Gott und das Leben zumuten, nach Grausamkeit und Güte, Tod und Errettung [sic!] aus dem Tod, können mit der Symbolkraft unserer legendarischen Erzählung aufgenommen und zu beantworten versucht werden."[384]

Die Umsetzung der Leidproblematik in dem Kapitel „Das dunkle Licht" zitiert wesentliche Perikopen des Alten Testaments, um die Schüler mit den biblisch-theologischen Gedankengängen zur Theodizeefrage vertraut zu machen. Diese Zugänge verlangen von dem Schüler ein enormes Maß an Konzentration und Empathiebereitschaft. In dem Lehrerkommentar wird im Kontext der Interpretation der zugrunde liegenden Texte und Bilder häufig auf die Shoah verwiesen. Es ist – wie bereits erwähnt – fraglich, ob diese Katastrophe in dem genannten Ausmaß in der Primarstufe thematisiert werden sollte.[385]

---

[380] Vgl. Halbfas, Religionsbuch für das vierte Schuljahr, 32f.

[381] Im Arbeitsheft geht H. Halbfas auf Schicksal der Propheten ein, indem er entsprechende Worte von Jeremia zitiert und die Schüler auffordert, darauf zu reagieren. Vgl. Halbfas, Religionsbuch für das 4. Schuljahr. Arbeitsheft, 22.

[382] Halbfas, Religionsunterricht in der Grundschule, 219.

[383] Vgl. Halbfas, Religionsbuch für das vierte Schuljahr, 33.

[384] Halbfas, Religionsunterricht in der Grundschule, 224.

[385] Vgl. dazu auch die Ausführungen von Schmitz, Die Leidproblematik als religionspädagogische Herausforderung, 64-68.

Entscheidet sich die Lehrperson für eine Thematisierung der schrecklichen Verbrechen im Nationalsozialismus, so sollte in diesem Kontext der Lebensweg Janusz Korczaks nachgezeichnet werden, der im August 1942 im KZ Treblinka ermordet wurde.[386] Unterstützend kann ebenfalls das Sachresp. Kinderbuch „Meines Bruders Hüter" von Israel Bernbaum im Religionsunterricht eingesetzt werden. Es stellt mit Bildern die Ungerechtigkeit der damaligen Welt eindringlich dar und beschreibt mit Erzählungen das Leiden der jüdischen Bevölkerung im Ghetto sowie die zu ertragende Despotie und Gewissenlosigkeit der Militärpersonen. Zugleich wird erkennbar, wie gewöhnlich und ungehemmt der Alltag für die nichtjüdische Bevölkerung weiterlief. Im Vorwort hat die damalige Vizepräsidentin des Deutschen Bundestages, Annemarie Renger, dieses Werk als „Kinderbuch" deklariert, da es „versucht die Geschichte von damals den Kindern von heute nahezubringen" und weil die „Zeichnungen ... kindgemäß" sind: „sie drücken vielleicht eindringlicher als dies jeder Text vermag, das aus, was Kinder angesichts dieses Leidens selbst empfinden"[387]. Ein Einsatz im Religionsunterricht der Primarstufe bietet sich – wenn auch nur auszugsweise – an, um den Schülern erkennbar zu machen, dass solch entsetzliche Schandtaten nie wieder verübt werden dürfen.

Dem Lehrer kommt darüber hinaus die Aufgabe zu, die Schüler zu unterstützen und letztlich auch zu befähigen, das Leid als Bestandteil des menschlichen Lebens zu akzeptieren und durch weitere Beispiele, wie die Legende von Daniel 3,1-50, das Vertrauen auf Gott zu stärken, um damit in der Not bestehen zu können.

---

[386] Informationen zum Lebenslauf und zum pädagogischen Konzept J. Korczaks sind nachzulesen in: Sauer, Neue Glaubenswege erschließen 80-92. Unterrichtsmaterialien und Hinweise zur Umsetzung dieser Thematik in der Primarstufe befinden sich in: Bürkert-Engel / Franz / Machalet / Olbrich / Stonis (Hg.), Hand in Hand. Lehrerhandbuch, 33f.

[387] Bernbaum, Israel, Meines Bruders Hüter. Der Holocaust mit den Augen eines Malers gesehen, München 1989, 7. – Das Buch wurde 1995 mit dem Deutschen Jugendliteraturpreis ausgezeichnet.

4.4.4 Kinderliteratur als Medium zur Problemerschließung der Leidwiderfahrnisse

In der erzählenden Kinder- und Jugendliteratur gibt es zahlreiche Werke, die sich als methodische Zugangsmöglichkeit zum Gespräch über Leiden und Tod eignen. Exemplarisch für die Vielzahl an Büchern zu dieser Themenstellung sind u. a. zu nennen: „Pele und das neue Leben", „Abschied von Rune", „Servus Opa, sagte ich leise", „Birgit. Eine Geschichte vom Sterben", „Leb wohl, lieber Dachs", „Pelle und die Geschichte mit Mia", „Hat Opa einen Anzug an?" oder als Fotobilderbuch mit Geschichten vom Tod und Leben „Ich will etwas vom Tod wissen"[388]. Mit diesem Medium bietet sich die Gelegenheit, nicht nur theoretisch über Sterben und Tod zu sprechen, sondern auch nachzuempfinden, wie andere Kinder oder Jugendliche mit diesen Erfahrungen umgehen. Ebenso lassen sich die anderen vielfältigen Leiderfahrungen mithilfe von Kinder- und Jugendbüchern erschließen. So wird bspw. die Trennung der Eltern in den Büchern „Von Papa lass ich mich nicht scheiden!" oder „Ich hab euch beide lieb!"[389] thematisiert, die Gefahr des sexuellen Missbrauchs greifen die Bilderbücher „Ich dachte, du bist mein Freund" sowie „Mein Körper gehört mir"[390] auf, das Thema Gewalt an Schulen kann mit dem Buch „Der Klassen-King"[391] aufgearbeitet werden.

Durch die Kinder- und Jugendliteratur werden die Schüler am Beispiel altersgleicher Protagonisten in die Konfrontation mit dem Leid hinein genommen. Bevor die Bücher zum Einsatz kommen, sollte jedoch überlegt

---

[388] Schindler, Regine / Heyduck-Huth, Hilde, Pele und das neue Leben, Lahr ^{6}1990; Øyen, Wenche / Kaldhol, Marit, Abschied von Rune, München ^{2}1987; Donnelly, Elfie, Servus Opa, sagte ich leise, Hamburg ^{4}1977; Mebs, Gudrun, Birgit. Eine Geschichte vom Sterben, München 1986; Varley, Susan, Leb wohl, lieber Dachs, Wien u. a. 1984; Vinje, Kari, Pelle und die Geschichte mit Mia, Gießen 2000; Fried, Amelie / Gleich, Jacky, Hat Opa einen Anzug an?, München u. a. 1997; Becker, Antoinette / Niggemeyer, Elisabeth, Ich will etwas vom Tod wissen, Ravensburg ^{2}1980.

[389] Gotzen-Beek, Betina / Scheffler, Ursel, Von Papa lass ich mich nicht scheiden!, Ravensburg 2002; Masurel, Claire / MacDonald-Denton, Kady, Ich hab euch beide lieb! Gießen 2001.

[390] Wabbes, Marie, Ich dachte du wärst mein Freund. Kinder vor sexuellem Missbrauch schützen, Gießen 1999; Geisler, Dagmar, Mein Körper gehört mir, Bindlach 1994.

[391] Zöller, Elisabeth, Der Klassen-King, Stuttgart 1999.

werden, ob eine Ganzschrift geeignet ist, die Schüler für die Thematik zu motivieren oder ob sich Zusammenfassungen dieser Werke hinsichtlich der Intentionen besser eignen, um daraufhin mit diversen Abschnitten oder Zitaten bestimmte Lernziele zu erarbeiten.[392] Dies gilt insbesondere für den Religionsunterricht in der Primarstufe. Alternativ könnte eine Ganzschrift als Medium für den fächerübergreifenden Unterricht ausgewählt werden oder in Projektwochen zum Tragen kommen. Die Erwägung, ob ein Kinder- oder Jugendbuch religiös wertvoll ist, sollte nicht ausschließlich daran festgemacht werden, ob dieses Buch „die Frage nach dem Sinn des Daseins" stellt, „Anfang und Ende des Lebens in den Blick kommen, Ermutigung zum Leben geboten wird" sowie „Grundfragen nach Normen, Werten, Gewissen und Verantwortung thematisiert werden", sondern muss sich in erster Linie an den folgenden Fragen orientieren: „Welchen Gewinn haben jugendliche Leserinnen und Leser von einem bestimmten Buch? Inwiefern kann Literatur an welchen konkreten religionspädagogischen Handlungsorten fruchtbar gemacht werden?"[393]

Für den Unterricht stellen diese Bücher ein Kommunikationsmedium dar, über dessen Inhalt die Schüler und der Lehrer miteinander ins Gespräch kommen. Darüber hinaus wird eine bestimmte Anonymität gewahrt: Der Schüler muss über seine persönliche Situation nicht zwangsläufig mehr erzählen, als ihm recht ist. „Dem Leser wird anhand des Buches quasi eine Modellsituation geboten, an der für ihn ein ‚Probehandeln' möglich wird: der Ernstfall wird in einer fiktiven Erzählung vorweg genommen."[394] Die Bilder unterstützen diese Wirkung und schließen die Lücke, wo unsere Sprache an die Grenzen ihrer Aussagekraft stößt.

Insbesondere die aufgeführten Kinder- und Jugendbücher zum Thema Sterben und Tod bietet Kindern und Jugendlichen „positive Rollenangebote, Identifikationsmöglichkeiten und Argumentationsstrukturen, die in ihrer Tiefenstruktur auf das hinführen, was christliche Auferstehungshoffnung

---

[392] Vgl. Mendl, Hans, Leidverarbeitung im Kinder- und Jugendbuch, in: Katechetische Blätter 121, Heft 4 (1996), 274-281, hier 280f – Als mögliches Beispiel soll an dieser Stelle das Religionsbuch „Gott sitzt nicht auf einer Wolke" genannt werden, das einen kurzen Auszug aus dem Jugendbuch „Servus Opa, sagte ich leise" abdruckt und damit die Erarbeitung des Themas „Tod und Leben" unterstützt. Vgl. Arndt, Klaus / Kwiran, Manfred / Joanowitsch, Katharina, Gott sitzt nicht auf einer Wolke. Religion im 4. Schuljahr, Stuttgart 1995, 23-25.

[393] Mendl, Leidverarbeitung im Kinder und Jugendbuch, 276.

[394] Rose / Schreiner, „Vielleicht wollten sie ihm das nicht sagen", 117.

und Lebensbejahung inmitten des Leids beinhalten, auch wenn explizit christliche Aussagen und Bekenntnisse häufig fehlen"[395].

4.4.5 Weiterführende Hinweise

Nachfolgend sollen diverse Anhaltspunkte additiv aufgeführt werden, die für eine erfolgreiche Umsetzung der Theodizeeproblematik im Religionsunterricht berücksichtigt werden sollten.

Um die Leidproblematik im Unterricht zu thematisieren, ist der entscheidende Zeitpunkt von außerordentlicher Bedeutung. Der Tod eines Elternteils ist sicher kein geeigneter Anlass, das Buch Hiob oder die Passion Jesu Christi zu behandeln und diesen Unterrichtsblock als „therapeutische Maßnahme" für das betroffene Kind einzusetzen.[396] „Gerade weil davon ausgegangen werden kann, daß nur wenige Schüler selbst am eigenen Leib extreme Leiderfahrungen durchlebt haben, verbietet es sich, solche Leiderfahrungen didaktisch zu funktionalisieren – weil wir dann dem Ernst dieser Erfahrungen nicht wirklich gerecht werden können, und weil wir dann das unauffällige, unseren Alltag durchwirkende Leid in dessen eigenem Ernst nicht wirklich erschließen."[397]

Entschließt sich der Lehrer entsprechend der Empfehlung der Rahmenrichtlinien für eine Behandlung der Thematik in einer 4. Jahrgangsstufe, sollte zunächst in einem Gespräch mit den Eltern auf das Vorhaben hingewiesen werden. Ein Elternabend bietet sich an, über Inhalte, Methoden und Unterrichtsmaterialien zu informieren und offene Fragestellungen zu thematisieren. Dies dient auch der Erörterung von Lernzielen, die unter anderem darin bestehen, den Kindern Hilfen für das Bestehen im Leid zu geben. Mittels dieser Gespräche soll eine Kooperation von Elternhaus und Schule erreicht werden.

Die unter Punkt 4.4.1 und 4.4.2 skizzierten Unterrichtsblöcke stellen lediglich Vorschläge resp. Überlegungen dar, die Möglichkeiten zur Umsetzung dieser Thematik beinhalten. Sie erheben keinen Anspruch auf Vollständigkeit, sondern sollen als Anregung für den Religionsunterricht verstanden werden. Insbesondere bei der Umsetzung der Leidproblematik muss bei der Auswahl der zu verwendenden Materialien der Entwicklungshorizont der Schüler berücksichtigt werden. Speziell der Einsatz von Texten bedarf der

---

[395] Mendl, Leidverarbeitung im Kinder und Jugendbuch, 280.

[396] Vgl. Ort / Rendle, fragen – suchen – entdecken 4 – Arbeitshilfen, 157.

[397] Dressler, Über die Sinnlosigkeit des Leidens, 14

Klärung von Verständnisfragen zu Begriffen, geschichtlichen Abläufen usw., damit die ursprüngliche Aussagekraft der Erzählungen erhalten bleibt. Die Unterrichtsblöcke schaffen für die Schüler eine theologische Grundlage, mit der die Theodizeefrage aus verschiedenen Perspektiven beleuchtet werden kann. Das Arbeitsblatt M13 stellt – eingebettet in eine Geschichte – verschiedene Antwortversuche dar, die zunächst exemplarisch mit der gesamten Klasse diskutiert und kritisch beurteilt werden sollen.

M 13

Nele denkt nach[398]

Nele denkt nach
Oft schaut Nele mit ihren Eltern die Nachrichten im Fernsehen an. Wenn da von Unglück, Krieg und Gewalt berichtet wird, beschäftigt das Nele noch lange. Sie denkt über viele Fragen nach, die sich ihr stellen: "Warum passieren so schlimme Dinge? Warum lässt Gott dieses ganze Leid zu? Warum greift Gott nicht ein? Warum hat Gott überhaupt böse Menschen geschaffen? Mama meint, Gott hat die Menschen so werden lassen, dass sie sich zwischen Gutem und Bösem entscheiden können.

Das verstehe ich: Wie könnte ein Mensch gut sein, wenn er nicht auch das Schlechte wählen könnte, wenn er gar nicht wüsste, was das Böse ist?
Trotzdem: Ein wirklich guter und allmächtiger Gott müsste doch dringend etwas an seiner Welt ändern, auf der es drunter und drüber geht. Oder?
Papa meint, er kennt keine schwierigere Frage im Leben (und ich glaube, er kennt eine ganze Menge). Auf diese Frage weiß er nur Antworten, bei denen er weiterfragen muss."

Gott will das Gute. Das Leid ist eine Strafe für das Böse, das Menschen getan haben. Durch die Strafe sollen sie einsehen, dass sie das Gute tun sollen.

Gott lässt das Leid zu, denn er lässt den Menschen die Freiheit sich für Gutes oder Böses zu entscheiden.

Warum lässt Gott zu, dass es Leid auf der Welt gibt?

Gott ist gut, aber seine Stärke ist anders als die Macht von Menschen. Wenn Menschen leiden, leidet er mit ihnen.

Wir können Gott nicht verstehen und das Leid nicht ganz erklären. Aber wir können ihn danach fragen und unser Leid bei ihm klagen.

➤ Wie denkst du über diese Antworten? Schreibt eure Gedanken auf und diskutiert sie.

"Mir gefällt Papas Gedanke, dass Gott immer ganz besonders bei denen ist, denen es schlecht geht. Die Trauer muss gewaltig sein, wenn man wie Gott die ganze Welt überblickt. Dass Gott alle Macht hat, fällt mir immer schwerer zu glauben. Papa kann das verstehen. Er meinte aber, vielleicht ist die Macht von Gott eine ganz andere, als wir sie uns vorstellen können. Auf jeden Fall nicht wie die Macht eines Königs, der nach hundert Jahren wieder vergessen ist, nicht wie die Stärke eines Boxweltmeisters, der vielleicht im Leben ein Angsthase ist. Geht die Allmacht von Gott nicht weit über unsere Vorstellung hinaus?"

---

[398] Dieses Arbeitsblatt wurde vollständig aus Ort / Rendle, fragen – suchen – entdecken. Religion in der Grundschule 4, 59 entnommen.

Daraufhin bewerten die Schüler in Einzelarbeit die möglichen Antwortversuche und begründen ihre Einschätzung. Nachdem die Ergebnisse an der Tafel in Stichworten notiert wurden, sollen die Schüler Gedanken formulieren, die dem Mädchen in der Erzählung weiterhelfen, auch wenn sie keine konkrete Antwort geben können.[399] Bei dieser Lernsequenz soll es nicht darum gehen, „die Antwortversuche in der vollen Tragweite zu verstehen, sondern sie bieten eine Reibungsfläche, sich mit der Gottesfrage im Horizont der Leidfrage auseinander zu setzen, auf diese Weise auch deren Antwortcharakter infrage zu stellen und eigene – wenn auch vorläufige – Sichtweisen zu entwickeln"[400]. Der Schlusssatz der Erzählung „Nele denkt nach" (M13) weist auf die Aussage Rahners hin, dass auf die Allmacht Gottes zur Rechtfertigung des Leids keineswegs verzichtet werden muss, sondern dass die Unbegreiflichkeit des Leides als ein Stück der Unbegreiflichkeit Gottes verstanden werden muss.[401]

---

[399] Vgl. Ort / Rendle, fragen – suchen – entdecken 4 – Arbeitshilfen, 166.
[400] Ort / Rendle, fragen – suchen – entdecken 4 – Arbeitshilfen, 165.
[401] Vgl. Rahner, Warum läßt Gott uns leiden?, 462f.

5 Resümee und Ausblick

Die Untersuchungen dieser Arbeit zu den traditionellen Antwortversuchen der Theologie auf die Frage nach dem Leid und der Rechtfertigung Gottes angesichts des Leids haben ergeben, dass die einzig verantwortbare Option im Sinne der Geschöpfe und im Interesse Gottes nur das Offenhalten der Theodizeefrage sein kann. Denn dieses Verständnis führt dazu, dass die Menschen zunächst ihre eigene Verantwortung hinsichtlich des widerfahrenen Leids reflektieren. „Für das nichtverschuldete, nicht zu verantwortende Übel aber (etwa unschuldiges, ungerechtes Leiden) wird jeder von der Schrift ermutigt, Gott die Provokation nicht zu ersparen und die Anfechtung direkt mit ihm auszumachen."[402] Das Leid als Teil des Mysteriums Gottes zu verstehen und auch anzunehmen, unserem Bedürfnis, alles begreifen und durchschauen zu müssen, zu widerstehen, bringt uns zur Einsicht, dass es eine Rechtfertigung Gottes *vom Menschen aus* nicht geben kann. Die legitime Hoffnung auf die Selbstrechtfertigung Gottes bleibt erhalten.[403]

Um diese Aspekte plausibel und verständlich für die Schüler zu gestalten, die in ihrer Lebenswirklichkeit mit unmittelbaren oder indirekten Leiderfahrungen in vielfältigen Formen konfrontiert werden, darf die Intention des Religionsunterrichts nicht auf eine Sinnsuche reduziert werden, bei der – einer Schatzsuche gleich – lediglich einer letzten Antwort für die Theodizeefrage nachgegangen wird. Der Lehrer muss „die *falsch gestellte* Sinnfrage" abwehren und die Kinder „mit der Erfahrung nicht allein ... lassen, daß die auf Dauer gestellte Sinnsuche scheitert"[404]. Besonders im Hinblick auf das im Grundschulalter noch oft vorzufindende Verständnis des „Tun-Ergehen-Zusammenhangs", welches die Ursache allen Leidens als gerechte Strafe für zuvor begangene Sünden deutet, muss auf eine Sinnproduktion resp. Sinngebung des Leidens verzichtet werden. Jede religionspädagogische Motivation muss berücksichtigen, dass es *kein Mensch* vermag, eine letztgültige Antwort auf die Frage nach dem Warum von Leid und Tod zu geben und dieses „darf und muss im Unterricht auch so zur Sprache kommen, ergänzt durch die persönliche Überzeugung, dass Gott dem Menschen auch und gerade im Leid nahe ist"[405]. Für die Schüler ist relevant zu erkennen, dass Gottes Liebe bedingungslos ist und seine Nähe im Leid zum Aushalten

---

[402] Gross / Kuschel, „Ich schaffe Finsternis und Unheil", 210.
[403] Vgl. Gross / Kuschel, „Ich schaffe Finsternis und Unheil", 211f.
[404] Dressler, Über die Sinnlosigkeit des Leidens 16. – Herv. im Original.
[405] Ort / Rendle, fragen–suchen–entdecken 4 – Arbeitshilfen, 158.

befähigt. H. Kushner pointiert diese Zuversicht mit den Worten: „Gott kann das Unglück nicht verhüten, aber Er gibt uns Kraft und Ausdauer, um mit ihm fertig zu werden."[406] Haben die Kinder dieses tragfähige Gottesbild verinnerlicht, sind sie bereit, dem realistischen Blick auf die Übel in der Welt standzuhalten und verstehen, dass Leid kein Tabuthema ist, sondern zum Leben gehört. Durch diese Wahrnehmung wird im Religionsunterricht der mangelnden Solidarität und Empathiebereitschaft entgegengewirkt und gleichzeitig auf unsere christliche Verantwortung in der Nachfolge Jesu Christi hingewiesen. Insbesondere die Vermittlung der christlichen Hoffnungsperspektive ermutigt, gegen das Leiden anzukämpfen.

Aus diesen Gründen sollte sich der Religionslehrer seiner Verpflichtung bewusst sein und diese immanente resp. anspruchsvolle Frage zum Gegenstand des Unterrichts erheben, um mit den Schülern helfende Maßnahmen und Auseinandersetzungsmöglichkeiten zu erarbeiten.

Am Ende dieser Arbeit soll das „Gelassenheitsgebet" zitiert werden, dessen Inhalt als Leitgedanke für den Lehrer bei der Thematisierung der Leidfrage inspirativ wirken kann.

> „Herr, gib mir Gelassenheit,
> Dinge hinzunehmen,
> die ich nicht ändern kann.
> Gib mir Mut,
> Dinge zu ändern,
> die ich ändern kann.
> Gib mir die Weisheit,
> das eine vom anderen zu unterscheiden."[407]

---

[406] Kushner, Wenn guten Menschen Böses widerfährt, 135.

[407] Ötinger, Friedrich Christoph, zitiert nach folgender Internetquelle: <http://www.wlb-stuttgart.de/ referate/theologie/oetgeb00.html> (Aufruf 2005-10-11). Dieses Gebet wurde viele Jahre dem Prälaten und Theosophen Friedrich Christoph Oetinger zugeschrieben. Dr. E. Zwink hat jedoch festgestellt, dass dieses Gebet von Reinhold Niebuhr während des Zweiten Weltkriegs formuliert wurde. Vgl. dazu im Internet: <http://de.wikipedia.org/wiki/Gelassenheitsgebet> (Aufruf 2005-10-11).

6 Literaturverzeichnis

Arndt, Klaus / Kwiran, Manfred / Joanowitsch, Katharina, Gott sitzt nicht auf einer Wolke. Religion im 4. Schuljahr, Stuttgart 1995.

Balscheit-von Sauberzweig, Peter, Scheidung – Was tun wir für unsere Kinder?, Band I, Zürich ^{4}2000.

Baumgartner, Isidor, Pastoralpsychologie. Einführung in die Praxis heilender Seelsorge, Düsseldorf 1990.

Becker, Antoinette / Niggemeyer, Elisabeth, Ich will etwas vom Tod wissen, Ravensburg ^{2}1980.

Beirer, Georg, Die heilende Kraft der Klage, in: Steins, Georg (Hg.), Schweigen wäre gotteslästerlich. Die heilende Kraft der Klage, Würzburg 2000, 16-41.

Berger, Klaus, Wie kann Gott Leid und Katastrophen zulassen?, Stuttgart 1996.

Bernbaum, Israel, Meines Bruders Hüter. Der Holocaust mit den Augen eines Malers gesehen, München 1989.

Bitter, Gottfried / Englert, Rudolf / Miller, Gabriele, Nipkow, Karl Ernst (Hg.), Neues Handbuch religionspädagogischer Grundbegriffe, München 2002.

Boenisch, Jens, Hiobsbotschaft oder Hiobs Botschaft? Religionspädagogische Ansätze zur Leidensbewältigung kranker und körperbehinderter Kinder, in: Adam, Gottfried / Kollmann, Roland / Pithan, Annebelle (Hg.), Mit Leid umgehen. Dokumentationsband des sechsten Würzburger Religionspädagogischen Symposiums, Münster 1998, 177-188.

Brantschen, Johannes, B., Warum lässt der gut Gott uns leiden?, Freiburg u.a. ^{2}1986.

Breuning, Wilhelm, Gotteslehre, in: Beinert, Wolfgang (Hg.), Glaubenszugänge. Lehrbuch der katholischen Dogmatik, Band I, Paderborn u. a. 1995, 201-362.

Bridger, Francis, Wie Kinder glauben. Entwicklungsschritte und Glaubensschritte. Wachstum ohne Manipulation, Marienheide ^{2}1996.

Büchner, Georg, Dantons Tod, in: Poschmann, Henri (Hg.), Georg Büchner. Sämtliche Werke, Briefe und Dokumente, Band 1, Frankfurt am Main 1992, 11-90.

Buck, Elisabeth, Kommt und spielt. Band 2: Bewegter Religionsunterricht im 3. und 4. Schuljahr, Göttingen 2001.

Bürkert-Engel, Barbara, / Franz, Gustav / Machalet, Christian / Olbrich, Hiltraud / Stonis, Andreas (Hg.), Hand in Hand – Religionsunterricht Klasse 4. Lehrerhandbuch, Lahr u. a. 1998.

Dam, Harmjan, Schulseelsorge, in: Bitter, Gottfried / Englert, Rudolf / Miller, Gabriele / Nipkow, Karl Ernst (Hg.) Neues Handbuch religionspädagogischer Grundbegriffe, München 2002, 358-361.

Dantine, Wilhelm, Hoffen – Handeln – Leiden. Christliche Lebensperspektiven, Wien 1976.

Dieterich, Michael / Stoll, Claus-Dieter (Hg.), Psychotherapie, Seelsorge, biblisch-therapeutische Seelsorge, Neuhausen-Stuttgart 1987.

Dillmann, Rainer, Durch Leiden Gehorsam lernen? Zur Frage nach einem guten Gott und dem Bösen in der Welt aus neutestamentlicher Sicht, in: Fuchs, Gotthard (Hg.), Angesichts des Leids an Gott glauben? Zur Theologie der Klage, Frankfurt am Main 1996, 119-147.

Dohmen, Christoph, Wozu, Gott? Biblische Klage gegen die Warum-Frage im Leid, in: Steins, Georg (Hg.), Schweigen wäre gotteslästerlich. Die heilende kraft der Klage, Würzburg 2000, 113-125.

Donnelly, Elfie, Servus Opa, sagte ich leise, Hamburg ^{4}1977.

Dressler, Bernhard, Über die Sinnlosigkeit des Leidens. Religionspädagogische Erwägungen über Sinnsuche und Leiderfahrungen von Kindern und Jugendlichen, in: Loccumer Pelikan, Heft 1 (1996) 11-18.

DuBois, Reinmar, Kinderängste. Erkennen – verstehen – helfen, München ^{2}1996.

Dunde, Siegfried Rudolf, Psychotherapie, in: ders (Hg.), Wörterbuch der Religionspsychologie, Gütersloh 1993, 219-227.

Egle, Gertraude (Hg.), Handbuch für den Religionsunterricht. Theorie und Praxis zum neuen Lehrplan in der Grundschule 4. Klasse Volksschule, Wien 1995.

Eichner, Ernst, „... und dann einfach die Türe zu und die andere Frau nie mehr reinlassen". Konflikte zwischen den Eltern bei neuen Partnerschaften und ihre Auswirkungen auf das Kind, in: Klosinski, Georg / Günter, Michael / Karle, Michael (Hg.), Scheiden tut weh. Zur Situation von Kindern in auseinanderbrechenden Familien, 34-44.

Epikur, Von der Überwindung der Furcht. Katechismus, Lehrbriefe, Spruchsammlung, Fragmente. Eingel. und übertr. von Olof Gigon, Zürich u. a. ²1968.

Fraiberg, Selma H., Das verstandene Kind: die ersten fünf Jahre, Hamburg ³1973.

Frick, Ulrich / Frank, Reiner / Schött, Christian, Zur Diagnose „Kindesmißhandlung". Ein Modell des ärztlichen Urteilsfindungsprozesses und Ansätze zu seiner empirischen Überprüfung, in: Martinius, Joest / Frank, Reiner (Hg.), Vernachlässigung, Mißbrauch und Mißhandlung von Kindern. Erkennen, Bewußtmachen, Helfen, Bern u. a. 1990, 69-84.

Friebel, Hans-Dieter, Aus der Praxis des Psychologen, in: ders (Hg.), Wenn Kinder verborgene Ängste haben. Eltern berichten über Möglichkeiten der Erkennung, Hilfe und Bewältigung, Lahr 1990, 5-37.

Friebel, Hans-Dieter, Wenn Kinder traurig sind. Vom Umgang mit kindlichem Leid, München 1982.

Fried, Amelie / Gleich, Jacky, Hat Opa einen Anzug an?, München u. a. 1997.

Fuchs, Ottmar, Die Klage als Gebet. Eine theologische Besinnung am Beispiel des Psalms 22, München 1982.

Ganoczy, Alexandre, Schöpfungslehre, in: Beinert, Wolfgang (Hg.), Glaubenszugänge. Lehrbuch der katholischen Dogmatik, Band I, Paderborn u. a. 1995, 365-495.

Geisler, Dagmar, Mein Körper gehört mir, Bindlach 1994.

Gerstenberger, Gerhard / Schrage, Wolfgang, Leiden, Stuttgart u. a. 1977.

Gesang, Bernward, Angeklagt: Gott. Über den Versuch, vom Leiden in der Welt auf die Wahrheit des Atheismus zu schließen, Tübingen 1997.

Geyer, Carl Friedrich, Das Übel und die Allmacht Gottes, in: Nüchtern, Michael (Hg.), Warum lässt Gott das zu? Kritik der Allmacht Gottes in Religion und Philosophie, Frankfurt am Main 1995, 36-61.

Ginsburg, Herbert / Opper, Sylvia, Piagets Theorie der geistigen Entwicklung, Stuttgart 1975.

Gollan, Otto / Mandzel, Waldemar, Biblische Geschichten malen, Bd. 1 u. 2, München 1983.

Gollan, Otto / Mandzel, Waldemar, Biblische Geschichten malen, Bd. 3, München 1987.

Gotzen-Beek, Betina / Scheffler, Ursel, Von Papa lass ich mich nicht scheiden!, Ravensburg 2002.

Gross, Walter / Kuschel, Karl-Josef, "Ich schaffe Finsternis und Unheil!" Ist Gott verantwortlich für das Übel?, Mainz ²1995.

Haas, Siegfried / Dieter, Julia, Warum gerade ich? Die Hiob-Geschichte, Mühlheim an der Ruhr 2004.

Halbfas, Hubertus (Hg.), Religionsbuch für das vierte Schuljahr, Düsseldorf 1986.

Halbfas, Hubertus, Religionsbuch für das 4. Schuljahr. Arbeitsheft, Düsseldorf 1999.

Halbfas, Hubertus, Die Bibel / erschlossen und kommentiert von Hubertus Halbfass, Düsseldorf 2001.

Halbfas, Hubertus, Religionsunterricht in der Grundschule. Lehrerhandbuch 4, Düsseldorf 1986.

Hemel, Ulrich, Ziele religiöser Lernprozesse, in: Bitter, Gottfried / Miller, Gabriele (Hg.), Handbuch religionspädagogischer Grundbegriffe, Band 2, München 1986, 488-494.

Hieke, Thomas, Schweigen wäre gotteslästerlich. Klagegebete – Auswege aus dem verzweifelten Verstummen, in: Steins, Georg (Hg.), Schweigen wäre gotteslästerlich. Die heilende Kraft der Klage, Würzburg 2000, 45-68.

Hollenstein, Helmut, Der schülerorientierte Bibelunterricht am Beispiel der Theodizeefrage, Aachen 1984.

Janßen, Hans-Gerd, Dem Leiden widerstehen. Aufsätze zur Grundlegung einer praktischen Theodizee, Fundamentaltheologische Studien Band 7, Münster 1996.

Keller, Albert, Schmerz – Leid – Tod. Wie kann Gott das zulassen?, Kevelaer 1980.

Kessler, Hans, Gott und das Leid seiner Schöpfung. Nachdenkliches zur Theodizeefrage, als Ganzschrift enthalten in: Verweyen-Hackmann, Edith / Weber, Bernd (Hg.), Ein guter Gott, der leiden lässt? Materialien zur Bearbeitung der Theodizeefrage im Religionsunterricht der Sekundarstufe II, Kevelaer 2004, 1-64.

Klischka, Heike, Hiob – Frommer Dulder oder Rebell gegen Gott, in: Tammeus, Rudolf (Hg.), Religionsunterricht praktisch. Unterrichtsentwürfe und Arbeitshilfen für die Sekundarstufe I, 163-183.

Kochanek, Hermann, Mit Kindern von Gott reden angesichts von Übel und Leid, in: Faber, Eva-Maria (Hg.), Warum? Der Glaube vor dem Leiden, Freiburg 2003, 83-93.

Kohlberg, Lawrence, Die Psychologie der Moralentwicklung, Frankfurt 1995.

Kohnstamm, Rita, Praktische Kinderpsychologie. Die ersten 7 Jahre. Eine Einführung für Eltern, Erzieher und Lehrer, Bern u. a. 1990.

Korczak, Janusz, Wie man ein Kind lieben soll, Göttingen ^{4}1989.

Körtner, Ulrich H. J., Wie lange noch, wie lange? Über das Böse, Leid und Tod, Neukirchen-Vluyn 1998.

Koslowski, Peter, Der leidende Gott. Theodizee in der christlichen Philosophie und Gnostizismus, in: Oelmüller, Willi (Hg.), Theodizee – Gott vor Gericht?, München 1990, 33-66.

Kraus, Georg, Gnadenlehre – Das Heil als Gnade, in: Beinert, Wolfgang (Hg.), Glaubenszugänge. Lehrbuch der katholischen Dogmatik, Band III, Paderborn u. a. 1995, 159-305.

Kreiner, Armin, Gott im Leid. Zur Stichhaltigkeit der Theodizee-Argumente, Quaestiones disputatae 168, Freiburg u. a. 1997.

Kreiner, Armin, Gott und das Leid, Paderborn ^{2}1995.

Kuhl, Lena, Hiob – welche Themen hält das Buch für Kinder bereit?, in: Loccumer Pelikan, Heft 3 (2005), 121-126.

Küng, Hans, Credo, München 1992.

Kurz, Helmut, Methoden / Methodik, in: Bitter, Gottfried / Miller, Gabriele (Hg.), Handbuch religionspädagogischer Grundbegriffe, München 1986, 477-481.

Kuschel, Karl-Josef, Ist Gott verantwortlich für das Übel?, in: Fuchs, Gotthard, Angesichts des Leids an Gott Glauben? Zur Theologie der Klage, Frankfurt 1996, 227-261.

Kushner, Harold S., Wenn guten Menschen Böses widerfährt, München 1983.

Langenhorst, Georg, „Zuviel warum gefragt". Die Hiobsgestalt bei jüdischen Dichtern unserer Zeit, in: Fuchs, Gotthard (Hg.), Angesichts des

Leids an Gott glauben? Zur Theologie der Klage, Frankfurt am Main 1996, 187-226.

Lehmann, Karl, „Ein schwieriges Wort". Über die Allmacht Gottes, in: Der Spiegel 26/1992, 44.

Leßmann, Beate, Psalmen – Worte aus uralter Zeit im 3. Jahrtausend?! Religionspädagogische Grundlegung, in: ders. (Hg.), Mein Gott, mein Gott .... Mit Psalmworten biblische Themen erschließen, Neukirchen-Vluyn 2002, 3-19.

Leßmann, Beate, Worte der Psalmen – eine Auswahl, in: ders. (Hg.), Mein Gott, mein Gott .... Mit Psalmworten biblische Texte erschließen, Neukirchen-Vluyn 2002, 49-53.

Long, James, Warum schweigt Gott? ... wenn wir ihn am nötigsten brauchen, Moers 1997.

Maier, Henry William, Drei Theorien der Kindheitsentwicklung, New York 1983.

Marx-Markwort, Brigitte / Markwort, Ralf, Durch Krisen wachsen. Christlicher Glaube und Psychotherapie, Stuttgart 2002.

Masurel, Claire / MacDonald-Denton, Kady, Ich hab euch beide lieb! Gießen 2001.

Mebs, Gudrun, Birgit. Eine Geschichte vom Sterben, München 1986.

Mendl, Hans, Leidverarbeitung im Kinder- und Jugendbuch, in: Katechetische Blätter 121, Heft 4 (1996) 274-281.

Menke, Karl-Heinz, Der Gott, der jetzt schon Zukunft schenkt. Plädoyer für eine christologische Theodizee, in: Wagner, Harald (Hg.), Mit Gott streiten. Neue Zugänge zum Theodizee-Problem, Quaestiones disputatae 169, Freiburg im Breisgau u. a. 1998, 90-130.

Mertens, Wolfgang, Gewissen, in: Dunde, Siegfried Rudolf (Hg.), Wörterbuch der Religionspsychologie, Gütersloh 1993, 142-149.

Metz, Johann Baptist, Theodizee-empfindliche Gottesrede, in: ders. (Hg.), Landschaft aus Schreien. Zur Dramatik der Theodizeefrage, Mainz 1995, 81-102.

Metz, Johann Baptist, Theologie als Theodizee?, in: Oelmüller, Willi (Hg.), Theodizee – Gott vor Gericht?, München 1990, 103-118.

Mittelstrass, Jürgen, Philosophie in der Leibniz-Welt, in: Marchlewitz, Ingrid / Heinekamp, Albert (Hg.), Leibniz' Auseinandersetzung mit Vorgängern und Zeitgenossen, Studia Leibnitiana: Supplementa 27, Stuttgart 1990, 1-17.

Mokrosch, Reinhold, Kinder erfahren Leid und fragen nach Gott. Wie sollen wir reagieren?, in: Religionspädagogische Beiträge, Heft 35 (1995) 87-95.

Mokrosch, Reinhold, Scheitern – Schuld - Vergebung, in: Bitter, Gottfried / Englert, Rudolf / Miller, Gabriele / Nipkow, Karl Ernst (Hg.), Neues Handbuch religionspädagogischer Grundbegriffe, München 2002, 114-117.

Müller, Gerhard Ludwig, Christologie – Die Lehre von Jesus dem Christus, in: Beinert, Wolfgang (Hg.), Glaubenszugänge. Lehrbuch der katholischen Dogmatik, Band II, Paderborn u. a. 1995, 3-297.

Müller, Gerhard Ludwig, Katholische Dogmatik, Freiburg im Breisgau u. a. 1995.

Naegeli, Sabine, Du hast mein Dunkel geteilt, Freiburg u. a. ^{4}2004.

Niederle, Monika / Weninger, Karl, Kinderängste, Wien 1992.

Niedersächsischer Kultusminister, Rahmenrichtlinien für die Grundschule Katholische Religion, Hannover 1982.

Nipkow, Karl Ernst / Schweitzer, Friedrich / Fowler, James W. (Hg.), Glaubensentwicklung und Erziehung, Gütersloh 1988.

Nipkow, Karl Ernst, Elementarisierung, in: Bitter, Gottfried / Englert, Rudolf / Miller, Gabriele, Nipkow, Karl Ernst (Hg.), Neues Handbuch religionspädagogischer Grundbegriffe, München 2002, 451-456.

Nocke, Franz-Josef, Evangelium und Passion, in: Niehl, Franz W. / Nocke, Franz-Josef (Hg.), Die Frage nach dem Leiden. Materialien für den Religionsunterricht, Paderborn 1983, 28-31.

Oberthür, Rainer, Angst vor Gott? Über die Vorstellung eines strafenden Gottes in der religiösen Entwicklung und Erziehung, Essen 1986.

Oberthür, Rainer, Kinder fragen nach Leid und Gott. Lernen mit der Bibel im Religionsunterricht, München 1998.

Ort, Barbara / Rendle, Ludwig (Hg.), fragen – suchen – entdecken 4 – Arbeitshilfen, München 2005.

Ort, Barbara / Rendle, Ludwig (Hg.), fragen – suchen – entdecken. Religion in der Grundschule 4, München 2005.

Oser, Fritz / Gmünder, Paul, Der Mensch – Stufen seiner religiösen Entwicklung. Ein strukturgenetischer Ansatz, Zürich u. a. 1984.

Øyen, Wenche / Kaldhol, Marit, Abschied von Rune, München ²1987.

Peter, Dietmar, ... und Gott wird abwischen alle Tränen. Das Thema „Tod" im Religionsunterricht, in: Loccumer Pelikan, Heft 1 (1997), 21 – 23.

Petzel, Paul, Leiden – Theodizee, in: Bitter, Gottfried / Englert, Rudolf / Miller, Gabriele / Nipkow, Karl Ernst (Hg.), Neues Handbuch religionspädagogischer Grundbegriffe, München 2002, 98-101.

Power, Clark, Harte oder weiche Stufen der Entwicklung des Glaubens und des religiösen Urteils? Eine Piagetsche Kritik, in: Nipkow, Karl Ernst / Schweitzer, Friedrich / Fowler, James W. (Hg.), Glaubensentwicklung und Erziehung, Gütersloh 1988, 108-123.

Rahner, Karl, in: Imhof, Paul / Biallowons, Hubert (Hg.), Im Gespräch, Band I (1964-1977), München 1982.

Rahner, Karl, Warum läßt Gott uns leiden?, in: Schriften zur Theologie. Band XIV, Zürich u. a. 1980, 450-466.

Raske, Michael, Leiden, in: Bitter, Gottfried / Miller, Gabriele (Hg.), Handbuch religionspädagogischer Grundbegriffe, 403-406.

Rebell, Walter, Psychologisches Grundwissen für Theologen. Ein Handbuch, München ²1992.

Rendtorff, Rolf, Theologie des Alten Testament, Band 1: Kanonische Grundlegung, Neukirchen-Vluyn 1999.

Ritter, Werner H., Leiden, in: Lachmann, Rainer / Adam, Gottfried (Hg.), Theologische Schlüsselbegriffe. Biblisch, systematisch, didaktisch, Göttingen 1999, 218-225.

Rose, Susanne / Schreiner, Martin, „Vielleicht wollten sie ihm das nicht sagen, weil sie finden, dass er noch zu klein dafür ist ...". Begegnungen mit dem Thema Sterben und Tod im Religionsunterricht der Grundschule, in: Bucher, Anton A. / Büttner, Gerhard / Freudenberger-Lötz, Petra / Schreiner, Martin (Hg.), Mittendrin ist Gott. Kinder denken nach über Gott, Leben und Tod, Stuttgart 2002, 115-128.

Rosewich, Gerhard (Hg.), Wir singen vor Freude. Liederbuch für den Religionsunterricht in der Grundschule und für Gottesdienste mit Kindern, Lahr 1995.

Sattler, Dorothea, Das Leiden der Geschöpfe Gottes. Antwortversuche und offene Fragen, in: Loccumer Pelikan, Heft 1 (2003) 13-18.

Sauer, Ralph, Es gibt viel Leid in der Welt, München 1982.

Sauer, Ralph, Gott – lieb und gerecht? Junge Menschen fragen nach dem Leid, Freiburg im Breisgau 1991.

Sauer, Ralph, Junge Christen fragen nach dem Glauben, Mainz 1983.

Sauer, Ralph, Kind und Leid, in: Religionspädagogische Beiträge, Heft 35 (1995) 97-102.

Sauer, Ralph, Kinder fragen nach dem Leid. Hilfen für das Gespräch, in: Friemel, Franz Georg / Schneider, Franz (Hg.), Gespräch über das Leid, Leipzig 1989, 13-93.

Sauer, Ralph, Neue Glaubenswege erschließen. Gesammelte Beiträge zur religionspädagogischen Diskussion, Münster 2004.

Schindler, Regine / Heyduck-Huth, Hilde, Pele und das neue Leben, Lahr ^{6}1990.

Schindler, Regine, Himmel und Erde. Ein Elternbuch zur religiösen Erziehung, Freiburg u. a. 2001.

Schmidt-Leukel, Perry, Grundkurs Fundamentaltheologie. Eine Einführung in die Grundfragen des christlichen Glaubens, München 1999.

Schmitz, Simone, Die Leidproblematik als religionspädagogische Herausforderung. Relevanz und Vermittelbarkeit von Grenzsituationen des Lebens für den Religionsunterricht, Münster u. a. 2001.

Schmitz, Simone, Die Theodizeefrage als religionspädagogische Herausforderung, in: Verweyen-Hackmann, Edith / Weber, Bernd (Hg.), Ein guter Gott, der leiden lässt? Materialien zur Bearbeitung der Theodizeefrage im Religionsunterricht der Sekundarstufe II, Kevelaer 2004, 14-21.

Schupp, Dieter, Aus der Praxis des Seelsorgers, in: Friebel, Hans-Dieter (Hg.), Wenn Kinder verborgende Ängste haben. Eltern berichten über Möglichkeiten der Erkennung, Hilfe und Bewältigung, Lahr 1990, 39-61.

Schweitzer, Friedrich, Lebensgeschichte und Religion. Religiöse Entwicklung und Erziehung im Kindes- und Jugendalter, Gütersloh ^{4}1999.

Sölle, Dorothee, Leiden, Stuttgart u. a. ^{3}1976.

Sparn, Walter, Leiden IV, in: TRE 20, Berlin u. a. 1990, 688-704.

Spiegel, Egon, „Lehramt Theologie – das Studium kannste vergessen!" Berufs-effizient elementarisieren. Ein hochschuldidaktischer Orientierungsrahmen, Kevelaer 2003, 16f.

Stein, Arnd, Mein Kind hat Angst. Wie Eltern verstehen und helfen können, München 1982.

Steins, Georg, Klagen ist Gold!, in: ders. (Hg.), Schweigen wäre gotteslästerlich. Die heilende Kraft der Klage, Würzburg 2000, 9-15.

Untergaßmair, Franz Georg, Leiden, Tod und Auferstehung. Eine exegetisch-homiletische Handreichung, Münster 2005.

Varley, Susan, Leb wohl, lieber Dachs, Wien u. a. 1984.

Vinje, Kari, Pelle und die Geschichte mit Mia, Gießen 2000.

Wabbes, Marie, Ich dachte du wärst mein Freund. Kinder vor sexuellem Missbrauch schützen, Gießen 1999;

Wegner, Wolfgang, Mißhandelte Kinder. Grundwissen und Arbeitshilfen für pädagogische Berufe, Weinheim u. a. 1997.

Wöbken-Ekert, Gunda, „Vor der Pause habe ich richtig Angst". Gewalt und Mobbing unter Jugendlichen. Was man dagegen tun kann, Frankfurt / Main u. a. 1998.

Zahrnt, Heinz, Wie kann Gott das zulassen? Hiob – Der Mensch im Leid, München ^{4}1988.

Zenger, Erich, Das Buch der Psalmen, in: ders. (u. a.), Einleitung in das Alte Testament, Stuttgart u.a. ^{4}2001, 309-326.

Zentralstelle der Deutschen Bischofskonferenz, Grundlagenplan für den katholischen Religionsunterricht in der Grundschule, München 1998.

Zöller, Elisabeth, Der Klassen-King, Stuttgart 1999.

Internetadressen:

<http://www.unicef.de> Aufruf 2005-08-24.
<http://www.ov-online.de> Aufruf 2002-08-25.
<http://www.awo.de> Aufruf 2005-08-25.
<http://www.wlb-stuttgart.de>Aufruf 2005-10-11.
<http://wikipedia.de> Aufruf 2005-10-11.
<http://homepage.univie.ac.at/peter.wienerroither/> Aufruf 2005-09-24.
<http://www.musicweb-international.com> Aufruf 2005-09-19.
<http://www.sonntagsblatt-bayern.de> Aufruf 2005-09-26.
<http://ch.indymedia.org/de/index.shtml> Aufruf 2005-09-26.

<http://www.honduras.com> Aufruf 2005-09-26.
<http://www.e12.physik.tu-muenchen.de> Aufruf 2005-09-26.
<http://www.kirchengemeinde-birnbach.de>Aufruf2006-03-08.
<http://www.rpi-loccum.de> Aufruf 2006-03-08.

Workshop Religionspädagogik
hrsg. von Prof. Dr. Egon Spiegel
(Hochschule Vechta/
Universität Olsztyn/Polen)

Wiebke Prüllage
Welcome to the Real World
Populäre Filme im Religionsunterricht am Beispiel *Matrix*
Der Film ist nicht nur aus der Sicht von Schülerinnen und Schüler eines der attraktivsten Medien unterrichtlicher Praxis. Er ist ein vorzügliches Mittel, Theologie lebensweltlich zu verorten. Matrix – fast schon Kultfilm und ein bei Jugendlichen der höheren Jahrgangsstufen besonders beliebter Hollywood-Streifen – vernetzt theologisches Weltverständnis mit philosophischen sowie natur- und sozialwissenschaftlichen Weltsichten. Wie speziell dieses im Unterricht herausgearbeitet und mit dem Medium Film im Religionsunterricht generell umgegangen werden kann, das wird hier – Studierenden wie Lehrkräften – anschaulich erklärt.
Bd. 1, 2005, 104 S., 14,90 €, br., ISBN 3-8258-8731-6

Carola Krumme
Das Kind als Subjekt religiösen Lernens
Die Bedeutung Maria Montessoris für eine subjektorientierte religiöse Bildung und Erziehung
So sehr es heute ein Allgemeinplatz ist, dass Kinder anders, d. h. keine minderwertigen Miniaturausgaben eines Erwachsenen sind, so wenig selbstverständlich ist es nach wie vor, das Kind als Subjekt religiösen Lernens ernst zu nehmen. Zwar steht die Montessori-Pädagogik hoch im Kurs – sie ist gegenwärtig das reformpädagogische Konzept, das am meisten Beachtung findet. Dennoch wird Montessoris Ansatz zur religiösen Erziehung von Kindern in der gegenwärtigen Religionspädagogik nicht zureichend umgesetzt. Die vorliegende Arbeit will einen Anstoß dazu geben, diese Lücke in der religionspädagogischen Diskussion zu füllen.
Bd. 2, 2006, 96 S., 14,90 €, br., ISBN 3-8258-9178-X

Anja Grote
Weltjugendtag 2005
Konzeption und Durchführung
August 2005. Die Welt schaut auf Köln, auf ein innerkirchliches Großereignis mit beachtlicher Außenwirkung: den Weltjugendtag, den mittlerweile Zwanzigsten. Seit 20 Jahren findet er statt, im Jahresabstand, darunter alle zwei bis drei Jahre ein großer, internationaler, ein zentraler – der vorherige in Toronto (2002), der nächste in Sydney (2008). Was will der Jugendtag, welche Ziele verfolgen seine Initiatoren und Organisatoren, wer nimmt an ihm teil, unter welchem Motto steht er jeweils? Papst Johannes Paul II. hat ihn begründet, Benedikt XVI. führt die Tradition fort. Sein zentrales Symbol: das Weltjugendtagskreuz. Seine organisatorische Herausforderung: unzählige Veranstaltungen und Begegnungen bereits im Vorfeld – jugendliche Teilnehmer/-innen aus der ganzen Welt zu Gast in deutschen Familien – Bibelkreise und Gottesdienste davor, während und danach – kleine Veranstaltungen am Rande und ein liturgischer Megaevent am Ende der Großveranstaltung. Vorliegende Studie würdigt Konzeption und Durchführung, erinnert das Ereignis und hilft nach vorne schauen: auf die nächsten Weltjugendtage.
Bd. 4, 2006, 136 S., 14,90 €, br., ISBN 3-8258-9649-8

Wissenschaftliche Paperbacks
Theologie

Michael J. Rainer (Red.)
"Dominus Iesus" – Anstößige Wahrheit oder anstößige Kirche?
Dokumente, Hintergründe, Standpunkte und Folgerungen
Die römische Erklärung "Dominus Iesus" berührt den Nerv der aktuellen Diskussion über den Stellenwert der Religionen in der heutigen Gesellschaft. Angesichts der Pluralität der Bekenntnisse soll der Anspruch der Wahrheit festgehalten werden.
Bd. 9, 2. Aufl. 2001, 350 S., 20,90 €, br., ISBN 3-8258-5203-2

Rainer Bendel (Hg.)
Die katholische Schuld?
Katholizismus im Dritten Reich zwischen Arrangement und Widerstand
Die Frage nach der „Katholischen Schuld" ist spätestens seit Hochhuths „Stellvertreter" ein öffentliches Thema. Nun wird es von Goldhagen neu aufgeworfen, aufgeworfen als moralische Frage – ohne fundierte Antwort. Wer sich über den Zusammenhang von Katholizismus und Nationalsozialismus fundiert informieren will, wird zu diesem Band greifen müssen: mit Beiträgen u. a. von Gerhard Besier, E. W. Böckenförde, Heinz Hürten, Joachim Köhler, Johann Baptist Metz, Rudolf Morsey, Ludwig Volk, Ottmar Fuchs und Stephan Leimgruber.
Bd. 14, 2., durchges. Aufl. 2004, 400 S., 19,90 €, br., ISBN 3-8258-6334-4

LIT Verlag Münster – Berlin – Hamburg – London – Wien – Zürich
Fresnostr. 2 48159 Münster
Tel.: 0251 – 62 032 22 – Fax: 0251 – 23 19 72
e-Mail: vertrieb@lit-verlag.de – http://www.lit-verlag.de